JN439872

쉽게 배우는

독일어 문법

쉽게 배우는 독일어 문법

1판 1쇄 발행_2019년 02월 25일
1판 2쇄 발행_2024년 09월 10일

지은이_이주은
펴낸이_홍정표

펴낸곳_글로벌콘텐츠
등록_제 25100-2008-000024호

공급처_(주)글로벌콘텐츠출판그룹
대표_홍정표 이사_김미미 편집_임세원 강민욱 남혜인 홍명지 권군오 기획·마케팅_이종훈 홍민지
주소_서울특별시 강동구 풍성로 87-6 전화_02-488-3280 팩스_02-488-3281
홈페이지_www.gcbook.co.kr

값 20,000원
ISBN 979-11-5852-234-6 93750

쉽게 배우는 독일어 문법

이주은 지음

머리말 Vorwort

외국어를 배우는 목적은 다른 문화를 이해하기 위함이다. 보다 궁극적으로 인식의 폭을 넓히고 국제적인 시야를 갖추기 위해서다. 요즈음 학생들이 독일에 대해서 많은 관심을 갖고 있다. 아울러 독일어에 관심을 보이고 있다. 그러나 독일어를 배우고 싶지만 어렵다고 생각하는 학생들이 많은 것 같다. 언어를 완성한다는 것은 어려운 일이지만 기본적인 것을 반복적으로 공부한다면 몇 개월 안에 좋은 성과를 거둘 수 있다고 생각한다. 이 책은 독일어를 배우고 싶지만 어려운 언어라는 인식을 갖고 있는 고등학생, 대학생과 독일어를 필요로 하는 분들에게 쉽게 독일어를 배울 수 있도록 도움을 줄 수 있었으면 하는 바람에서 집필하였다.

독일어란 어떤 언어일까? 독일어는 천 년 동안 많은 변화를 겪고 16세기 루터가 성서를 번역하여 오늘날 '신고지독일어 Frühneuhochdeutsch'로 확립되어 사용하게 되었다. 독일어는 형태상, 문장론적, 표기법과 발음상의 특성을 갖고 있다. 형태상의 특성을 살펴보면 굴절과 조어현상이 있다. 예를 들어서 '사랑하다 lieben'은 주어에 따라서 굴절한다. 이때 'lieb'은 어간으로서 변하지 않고 어미 'en'이 주어에 따라서 변한다. 독일어는 이와 같이 굴절하는 언어이다. 조어현상은 파생과 합성이 있다. 파생은 접두사나 접미사가 붙어서 새로운 품사로 되는 경우를 말한다. '일하다 arbeiten'이 '일 Arbeit'로 동사에서 명사로 품사가 변한 경우가 그 예이다. 다음으로 독일어의 또 다른 특징으로 합성이 있다. 독일어는 둘 이상의 단어로 만들어진 경우를 볼 수 있는데 예를 들어서 '여름 der Sommer'와 '방학 die Ferien'의 두 단어가 합쳐져서 '여름방학 die Sommerferien'을 생성한다. 독일어는 문장에서 '주어+동사 ~', '관사+형용사+명사'의 어순을 보여준다. '나는 너를 사랑한다. Ich liebe dich.', '그 아름다운 부인 die schöne Frau'가 그 예이다. 독일어는 표기법상의 특성이 있는데 ä, ö, ü, ß가 있고 명사는 첫 글자를 대문자로 쓴다. 예를 들어서 '치즈 Käse', '듣다 hören', '봄 Frühling', '발 Fuß', '남자 Mann'이 있다. 독일어는 철자와 발음이 상당히 일치하는 언어다. '유리잔 Glas [gla:s]', '그 다음에 dann [dan]' 등과 같이 철자와 발음이 상당히 일치하는 특성을 보여주는 언어가 독일어이다.

이 책은 위에 언급한 독일어의 특성들을 좀 더 세부적으로 확대하여 독일어 문법을 쉽게 이해할 수 있도록 각 단원 별로 설명과 함께 풍부한 예문과 연습문제로 구성하였다. 총 26장으로 구성되었는데 발음부터 시작하여 크게 분류하면 정관사와 부정관사, 명사 편, 동사 편, 의문사, 수사, 전치사, 부사, 형용사, 관계대명사, 접속사로 구분할 수 있다. 발음의 표와 불규칙 동사의 변화표는 저자가 현재 강의하고 있는 교양독일어 교재 『즐거운 독일어 Fröhliches Deutsch』를 참조하였다. 발음은 처음 독일어를 접하는 분들을 위해서 독일어 발음을 우리말로 표기하여 쉽게 공부할 수 있도록 했고 각 단원의 예문들도 독일어와 우리말로 표기하여 이해를 도왔다. 단지 해석은 의역보다는 직역하여 문법적인 것에 중점을 두었다는 사실을 밝혀둔다. 차례는 원하는 부분을 찾기 쉽도록 자세히 기술하였다.

이 책을 출간하면서 저자는 처음 독일어를 접하는 학생 및 독일어를 전공하면서 문법에 어려움을 느끼는 전공생들과 독일어를 배우고 싶은 분들에게 도움이 될 수 있기를 기대해본다. 아울러 여러 번 검토과정을 거쳤음에도 불구하고 혹시 오류가 있을 수 있지 않을까 걱정이 앞서지만 겸손한 마음으로 평가를 받아들이며 앞으로 더 좋은 책으로 다듬어 가기 위해서 노력할 것이다.

오랫동안 공들인 원고가 결실을 맺도록 도와주시고 세심하게 마음을 써 주신 글로벌콘텐츠의 홍정표 대표님과 편집과정에서 수고해주신 분들께 감사를 드린다. 또한 항상 뒤에서 응원해주신 부모님, 이귀경 교수님과 은사님들, 기도해주신 분들에게 감사의 마음을 전하며 책에 전념할 수 있도록 도와준 남편과 딸 지현에게 진심으로 감사의 마음을 전한다. 끝으로 지금까지 저의 길을 인도해 주신 하나님께 감사를 드린다.

2019년 2월

이주은

차례 Reihe

Das Alphabet [alfabe:t]

A	a	[a:]	아-	P	p	[pe:]	페-
B	b	[be:]	베-	Q	q	[ku:]	쿠-
C	c	[tse:]	체-	R	r	[ɛr]	에르
D	d	[de:]	데-	S	s	[ɛs]	에스
E	e	[e:]	에-	T	t	[te:]	테-
F	f	[ɛf]	에프	U	u	[u:]	우-
G	g	[ge:]	게-	V	v	[fau]	파우
H	h	[ha:]	하-	W	w	[ve]	베
I	i	[i:]	이-	X	x	[iks]	익스
J	j	[jɔt]	요트	Y	y	[ypsilɔn]	윕시론
K	k	[ka:]	카-	Z	z	[tsɛt]	체트
L	l	[ɛl]	엘	Ä	ä	[a:umlaut]	아-움라우트
M	m	[ɛm]	엠	Ö	ö	[o:umlaut]	오-움라우트
N	n	[ɛn]	엔	Ü	ü	[u:umlaut]	우-움라우트
O	o	[o:]	오-		ß	[ɛs-tsɛt]	에스체트

1. 독일어 발음(die deutschen Laute)

1) 모음(Vokale)

a	[aː]	Abend	Haar	fahren
	[a]	alle	Mann	Karte
e	[eː]	eben	See	gehen
	[ɛ]	elf	kennen	Ecke
	[ə]	haben	Vater	Name
i	[iː]	wir	ihm	sieben
	[i]	ist	bitten	vierzig
	[iə]	Familie	Ferien	Asien
o	[oː]	Ofen	Boot	Sohn
	[ɔ]	oft	Kopf	Sonne
u	[uː]	du	Hut	Uhr
	[u]	um	Mutter	gesund
ä	[ɛː]	Käse	Mädchen	ungefähr
	[ɛ]	fällen	Hände	Gärten
ö	[Øː]	Öl	schön	Söhne
	[oe]	öffnen	zwölf	Wörter
ü	[yː]	über	Tür	kühl
	[Y]	fünf	müssen	Glück

2) 복모음(Diphthonge)

ei, ai	[ai]	Eis	bleiben	Mai
au	[au]	aus	rauchen	blau
eu, äu	[ɔy]	euch	Leute	Käufer

※ 모음의 발음

모음	발음		
a	[a:] 아-	[a] 아	
e	[e:] 에-	[ɛ] 에	[ə] 에, 어
i	[i:] 이-	[i] 이	
o	[o:] 오-	[ɔ] 오	
u	[u:] 우-	[u] 우	
aa, ee, oo	a, e, o의 장음으로 발음한다.		
ä	[ɛ:] 에-	[ɛ] 에	
ö	[ø:] 외-	[œ] 외	
ü	[y:] 위-	[y] 위	
ai, ei, ay, ey	[ai] 아이		
eu, äu	[ɔy] 오이		

※ 모음의 장단

모음을 발음할 경우 장음과 단음에 유의한다.

(1) 장음인 경우

① 모음 뒤에 자음이 하나 올 경우

Abend [a:bent 아-벤트] 저녁 eben [e:bən 에-벤] 방금

② 중모임일 경우

Haar [ha:r 하-르] 머리카락

Boot [bo:t 보-트] 보트

③ 모음+h일 경우

ihm [i:m 임-] 그에게

fahren [fa:rən 파-렌] ~을 타고 가다

④ 복모음일 경우

sieben [zi:bən 지-벤] 숫자 7

Liebe [li:bə 리-베] 사랑

(2) 단음인 경우: 모음 뒤에 자음이 두 개 올 경우

① 모음 뒤에 중자음이 올 경우

Mann [man 만] 남자 Mutter [mutər 무터] 어머니 Lippe [lipə 리페] 입술

② 모음 뒤에 복자음이 올 경우

alt [alt 알트] 늙은

Ecke [ɛkə 에케] 모퉁이

(3) 예외

① 모음 뒤에 자음이 오지 않거나 모음 뒤에 복자음이 올 경우 장음이 되는 경우

werden [ve:rdən 뵈-어덴] ~이 되다

du [du: 두-] 너

Buch [bu:x 부-흐] 책

Arzt [a:rtst 아-르츠트] 의사

Erde [e:rdə 에-어데] 지구

Wert [ve:rt 베-어트] 가치

② 모음 뒤에 자음이 하나 올 경우 단음인 경우

um [um 움] ~둘레에, 정각

3) 자음(Konsonanten)

b	[b]	Brief	geben	Ebbe
b, p	[p]	Dieb	Papier	Mappe
d	[d]	dumm	drei	addieren
d, t, dt	[t]	Freund	Tag	Stadt
g	[g]	Glas	sagen	Roggen
g, k, ck ch(s)	[k]	Weg	klar	packen / sechs
qu	[kv]	Quelle	bequem	
f, v, ph	[f]	Fisch	Vater	Philosophie
w, v	[v]	wir	gewinnen	Klavier
ss, ß, s	[s]	müssen	Fuß	gestern
s+Vokal	[z]	sagen	Reise	so
sch	[ʃ]	Schalter	waschen	Fisch
st, sp	[ʃt, ʃp]	Straße	Sprache	
ch(Ach-Laute)	[x]	Dach	noch	Buch
(Ich-Laute)	[ç]	nicht	echt	Milch
ig	[ɪç]	wenig	billig	
j	[j]	ja	jung	jetzt
h	[h]	Haus	geheim	
l	[l]	Licht	viel	Ball
r	[r]	Rede	braun	Arbeit
m	[m]	mein	warm	kommen
n	[n]	nein	München	Mann
ng, n(k)	[ŋ]	lang	bringen	Bank
pf	[pf]	Pferd	Apfel	Kopf
z, tz, ts, ds	[ts]	zu	Landsmann	Satz / nichts
tsch	[tʃ]	Deutschland	Dolmetscher	
x	[ks]	Taxi	Lexikon	Examen

※ 자음의 발음

자음	발음		
b	[b] ㅂ	[p] ㅍ	
d	[d] ㄷ	[t] ㅌ	
g	[g] ㄱ	[k] ㅋ	
c	[k] 크	[ts] 츠	
h	[h] ㅎ	[묵음]	
j	[j] 이	[ʒ] ㅈ	
s	[s] ㅅ	[z] ㅈ	
v	[f] ㅍ	[v] ㅂ	
w	[v] ㅂ		
y	[j] 이	[y:][y] 위	[i:][i] 이
-ig	[iç] 이히		
qu	[kv] 크브		
z	[ts] ㅊ		
-ti-	[tsi] 치		
ch	[x] ㅎ	[ç] 히	
chs	[ks] 크스		
ck	[k] 크		
ds			
ts	[ts] ㅊ		
tz			
dt	[t] ㅌ		
th			
ng	[ŋ] 응		
nk	[ŋk] 응크		
pf	[pf] ㅍ		
ph	[f] ㅍ		
sch	[ʃ] 쉬		
tsch	[tʃ] 취		
sp	[ʃp] 슈프	[sp] 스프	
st	[ʃt] 슈트	[st] 스트	
ß	[s] ㅅ		

※ 중자음의 발음

중자음은 하나의 자음처럼 발음하고 항상 앞에 오는 모음은 단음이 된다.

Himmel [himəl 히멜] 하늘
Brille [brilə 브릴레] 안경
dumm [dum 둠] 어리석은
kommen [kɔmən 코멘] 오다

gewinnen [gəvinən 게비넨] 이기다
Wasser [vasər 바서] 물
Affe [afə 아페] 원숭이
Mappe [mapə 마페] 서류용 가방

【Übungen】

1. 모음이 단음인 것을 고르시오.

(1) ① Name ② Dame
③ Mann ④ Hahn

(2) ① Bett ② Leben
③ geben ④ gehen

(3) ① Bibel ② Kind
③ Tiger ④ ihn

(4) ① Boot ② Brot
③ Vogel ④ Dorf

(5) ① Blume ② Hut
③ Mutter ④ Kuh

(6) ① kommen ② Erde
③ Liebe ④ sehen

(7) ① Mann ② Tag
③ Jahr ④ Abend

(8) ① Blume ② Stuhl
③ Ziel ④ Suppe

(9) ① Kaffee ② Dame
③ Gas ④ Arzt

2. 모음이 장음인 것을 고르시오.

(1) ① warm ② alt
③ Name ④ dann

(2) ① gelb ② hell
③ Hemd ④ gehen

(3) ① Löwe ② finden
③ Himmel ④ Hund

(4) ① Onkel ② ohne
③ oft ④ Dorf

(5) ① März ② öffnen
③ kommen ④ hören

(6) ① Apfel ② danken
③ Buch ④ schaffen

(7) ① Vater ② Tante
③ Gast ④ Arbeit

(8) ① denken ② Geld
③ Neffe ④ Regen

(9) ① Morgen ② oft
③ rennen ④ sehen

3. 왼쪽에 있는 발음과 같은 것을 고르시오.

(1) [ç] ① noch ② Buch
③ ich ④ acht

(2) [b] ① halb ② Herbst
③ Knabe ④ Park

(3) [tʃ] ① abends ② nachts
③ deutsch ④ Katze

(4) [ʃ]　① Knospe　② Kunst
③ spät　④ West

4. 다음 단어들 중 발음이 다른 것을 고르시오.

(1) ① Berg　② wenig
③ Kind　④ dick

(2) ① abends　② achtzehn
③ Mädchen　④ Lektion

(3) ① Buch　② Flucht
③ Dach　④ Töchter

(4) ① Leiden　② Teufel
③ Häuser　④ Leute

(5) ① Taxi　② Ochs
③ Examen　④ waschen

(6) ① billig　② Dichter
③ weniger　④ richtig

2. 명사의 성(das Geschlecht des Nomens)

독일어의 명사는 남성, 여성, 중성, 복수의 네 가지 성을 갖고 첫 글자는 반드시 대문자로 쓴다. 국명도 성을 갖는 경우가 있다. 명사를 암기할 때에는 정관사와 함께 암기하면 도움이 된다.

1) 남성 명사: Maskulinum, 약자로 m., 남성을 대표하는 정관사 der

*** -ig, -ich, -ent, -or, -ist, -er, -g로 끝나는 명사**

- der König(왕), der Teppich(양탄자), der Student(대학생), der Doktor(의사), der Polizist(경찰), der Koffer(짐가방), der Weg(길)

*** 요일, 월, 계절, 방향**

- der Montag(월요일), der Sommer(여름), der April(4월), der Westen(서쪽)

*** 동사의 어간**

- der Anfang(시작), der Halt(정지), der Schlaf(잠), der Suche(찾기)

2) 여성 명사: Femininum, 약자로 f., 여성을 대표하는 정관사 die

*** -in, -e, -ung, -heit, -keit, -schaft, -ei, -ie, ik, ion으로 끝나는 명사**

- die Lehrerin(여교사), die Blume(꽃), die Wohnung(주택), die Freiheit(자유), die Freundlichkeit(친절), die Freundschaft(우정), die Bäkerei(빵집), die Familie(가족), die Technik(기술), die Nation(민족)

*** 강**

- die Donau(도나우 강), die Elbe(엘베 강), die Oder(오데르 강), die Wolga(볼가 강), 단, die Rhein(라인 강)은 남성 명사

*** 일부 국명**

- die Schweiz(스위스), die Türkei(터키)

*** 동사의 어간+-ung**

- die Übung(연습), die Einladung(초대), die Erklärung(설명), die Zahlung(지불)

쉽게 배우는

3) 중성 명사: Neutrum, 약자는 n., 중성을 대표하는 정관사 das

* -al, -um, -chen, -lein, -ma로 끝나는 명사

- das Kapital(자본), das Museum(박물관), das Mädchen(소녀), das Fräulein(아가씨, ~양), das Thema(주제)

* 동사의 부정형이 그대로 명사화된 경우

- das Essen(식사), das Wissen(앎)

* Ge-e로 된 명사

- das Geleise(궤도)

* 금속

- das Eisen(철), das Gold(금)

* 어린 아이, 아기

- das Kind(어린 아이), das Baby(아기)

* 가축

- das Pferd(말), das Schwein(돼지)

4) 복수 명사: Plural, 약자는 pl., 복수를 대표하는 정관사 die

* 일부 국명, 지명

- die U.S.A.(미국), die Alpen(알프스)

* 항상 복수로 쓰이는 명사

- die Eltern(부모), die Ferien(방학), die Leute(사람들)

5) 복합명사

독일어 명사는 두 개 이상의 단어가 결합된 경우가 많다. 이 경우, 명사의 성은 맨 뒤에 위치한 명사의 성을 따른다.

* 명사 + 명사

- die Familie(가족) + das Foto(사진) = das Familienfoto(가족 사진)

* 동사 어간 + 명사

- fahren(~을 타고 가다) + das Rad(자전거) = das Fahrrad(자전거)

* 형용사 + 명사

- hoch(높은) + das Haus(집) = das Hochhaus(고층 건물, 빌딩)

* 부사 + 명사

- hin(저쪽으로) + die Fahrt(여행) = die Hinfahrt(여행, 가는 길)

* 전치사 + 명사

- unter(~아래에) + die Schrift(글자) = die Unterschrift(서명)

6) 명사의 복수형

* 단수와 복수형이 같은 경우

- der Lehrer(선생님)—die Lehrer, der Sänger(가수)—die Sänger

* Umlaut와 e가 붙는 경우

- der Arzt(의사)—die Ärzte

* en이 붙는 경우

- der Student(대학생)—die Studenten,
  der Journalist(신문기자)—die Journalisten

* er가 붙는 경우

- das Kind(어린아이)—die Kinder

* nen이 붙는 경우: -in으로 끝나는 여성명사

- die Lehrerin(여교사)—die Lehrerinnen,
  die Studentin(여대생)—die Studentinnen

7) 명사 변화의 종류

(1) 강변화 I식

강변화 I식은 단수 2격에 -s를 붙이고 복수 3격에 -n을 붙이며 복수에서 변모음 하는 것과 변모음 하지 않는 것이 있다.

수	격	변화어미		
단수	1격(N.)	-	der Bruder(형제는)	der Lehrer(선생님은)
	2격(G.)	-s	des Bruders(형제의)	des Lehrers(선생님의)
	3격(D.)	-	dem Bruder(형제에게)	dem Lehrer(선생님에게)
	4격(A.)	-	den Bruder(형제를)	den Lehrer(선생님을)
복수	1격(N.)	(··)	die Brüder(형제들은)	die Lehrer(선생님들은)
	2격(G.)	(··)	der Brüder(형제들의)	der Lehrer(선생님들의)
	3격(D.)	(··)n	den Brüdern (형제들에게)	den Lehrern(선생님들에게)
	4격(A.)	(··)	die Brüder(형제들을)	die Lehrer(선생님들을)

그 밖에 das Fenster(창문), der Onkel(아저씨), das Zimmer(방), der Apfel(사과), der Garten(정원) 등이 있다.

(2) 강변화 II식

강변화 II식은 단수 2격에 -(e)s를 붙이고, 복수에 어미 -e를 붙이며, 복수에서 변모음 하는 것과 변모음하지 않는 것이 있다.

수	격	변화어미		
단수	1격(N.)	-	der Gast(손님은)	das Tier(동물은)
	2격(G.)	-(e)s	des Gastes(손님의)	des Tier(e)s(동물의)
	3격(D.)	-(e)	dem Gast(손님에게)	dem Tier(동물에게)
	4격(A.)	-	den Gast(손님을)	das Tier(동물을)

복수	1격(N.)	(··)e	die Gäste(손님들은)	die Tiere(동물들은)
	2격(G.)	(··)e	der Gäste(손님들의)	der Tiere(동물들의)
	3격(D.)	(··)en	den Gästen(손님들에게)	den Tieren(동물들에게)
	4격(A.)	(··)e	die Gäste(손님들을)	die Tiere(동물들을)

그 밖에 der Tag(낮), der Arzt(의사), der Teppich(양탄자), das Brot(빵), das Heft(공책) 등이 있다.

(3) 강변화 Ⅲ식

강변화 Ⅲ식은 단수 2격에 -(e)s를 붙이고 복수에 -er를 붙인다.

수	격	변화어미		
단수	1격(N.)	-	der Mann(남자는)	das Buch(책은)
	2격(G.)	-(e)s	des Mannes(남자의)	des Buch(e)s(책의)
	3격(D.)	-(e)	dem Mann(남자에게)	dem Buch(책에서)
	4격(A.)	-	den Mann(남자를)	das Buch(책을)
복수	1격(N.)	¨er	die Männer(남자들은)	die Bücher(책들은)
	2격(G.)	¨er	der Männer(남자들의)	der Bücher(책들의)
	3격(D.)	¨ern	den Männern (남자들에게)	den Büchern(책들에서)
	4격(A.)	¨er	die Männer(남자들을)	die Bücher(책들을)

그 밖에 das Kind(어린아이), der Gott(신), das Haus(집), das Land(나라), das Dorf(마을) 등이 있다.

(4) 약변화

약변화는 단수 2격, 3격, 4격에서 -(e)n을 붙이고 복수에서 -(e)n을 붙이는 명사이다. 단, 여성 명사는 단수에서 변화하지 않는다.

수	격	변화어미		
단수	1격(N.)	-	der Mensch(인간은)	die Frau(부인은)
	2격(G.)	-(e)n	des Menschen(인간의)	der Frau(부인의)
	3격(D.)	-(e)n	dem Menschen(인간에게)	der Frau(부인에게)
	4격(A.)	-(e)n	den Menschen(인간을)	die Frau(부인을)
복수	1격(N.)	-(e)n	die Menschen(인간들은)	die Frauen(부인들은)
	2격(G.)	-(e)n	der Menschen(인간들의)	der Frauen(부인들의)
	3격(D.)	-(e)n	den Menschen (인간들에게)	den Frauen(부인들에게)
	4격(A.)	-(e)n	die Menschen(인간들을)	die Frauen(부인들을)

그 밖에 der Held(영웅), der Knabe(소년), der Affe(원숭이), der Student(대학생), die Dame(귀부인) 등이 있다.

(5) 혼합변화

단수는 강변화와 같이 단수 2격에 -(e)s를 붙이고, 복수는 약변화와 같이 -(e)n을 붙인다.

수	격	변화어미		
단수	1격(N.)	-	der Nachbar(이웃은)	der Bauer(농부는)
	2격(G.)	-(e)s	des Nachbars(이웃의)	des Bauers(농부의)
	3격(D.)	-	dem Nachbar(이웃에게)	dem Bauer(농부에게)
	4격(A.)	-	den Nachbar(이웃을)	den Bauer(농부를)

복수	1격(N.)	-(e)n	die Nachbarn(이웃들은)	die Bauern(농부들은)
	2격(G.)	-(e)n	der Nachbarn(이웃들의)	der Bauern(농부들의)
	3격(D.)	-(e)n	den Nachbarn (이웃들에게)	den Bauern(농부들에게)
	4격(A.)	-(e)n	die Nachbarn(이웃들을)	die Bauern(농부들을)

그 밖에 das Ohr(귀), das Auge(눈), der See(호수), der Staat(국가), das Bett(침대) 등이 있다.

(6) 불규칙 변화

불규칙 변화는 강변화, 약변화, 혼합 변화에 속하지 않는 명사들이 해당되며 이 변화는 규칙이 없으므로 다음의 명사들의 변화는 암기하여야 한다.

① der Herr(신사), das Herz(심장)

수	격		
단수	1격(N.)	der Herr	das Herz
	2격(G.)	des Herrn	des Herzens
	3격(D.)	dem Herrn	dem Herzen
	4격(A.)	den Herrn	das Herz
복수	1격(N.)	die Herren	die Herzen
	2격(G.)	der Herren	der Herzen
	3격(D.)	den Herren	den Herzen
	4격(A.)	die Herren	die Herzen

② der Name(이름)

수	격	
단수	1격(N.)	der Name
	2격(G.)	des Namens
	3격(D.)	dem Namen
	4격(A.)	den Namen
복수	1격(N.)	die Namen
	2격(G.)	der Namen
	3격(D.)	den Namen
	4격(A.)	die Namen

그 밖에 der Friede(평화), der Glaube(믿음), der Wille(의지)가 있다.

③ das Auto(자동차)

수	격	
단수	1격(N.)	das Auto
	2격(G.)	des Autos
	3격(D.)	dem Auto
	4격(A.)	das Auto
복수	1격(N.)	die Autos
	2격(G.)	der Autos
	3격(D.)	den Autos
	4격(A.)	die Autos

그 밖에 das Hotel(호텔), das Kino(영화관), das Cafe(카페), das Taxi(택시), das Foto(사진) 등과 같이 중성명사들이 대부분이다.

④ der Kaufmann(상인)

수	격	
단수	1격(N.)	der Kaufmann
	2격(G.)	des Kaufmanns
	3격(D.)	dem Kaufmann
	4격(A.)	den Kaufmann
복수	1격(N.)	die Kaufleute
	2격(G.)	der Kaufleute
	3격(D.)	den Kaufleuten
	4격(A.)	die Kaufleute

그 밖에 der Landmann(농부), der Fachmann(전문가), der Schutzmann(경관)이 있다.

【Übungen】

1. 다음 명사의 정관사를 쓰시오.

(1) ____ Student ____ Doktor
(2) ____ Mädchen ____ Lehrerin
(3) ____ Wohnung ____ Sommer
(4) ____ Kind ____ Eltern
(5) ____ Ferien ____ Schweiz
(6) ____ Unterschrift ____ Essen

2. 다음 명사의 복수형을 쓰시오.

(1) der Lehrer die ________
(2) der Arzt die ________
(3) der Student die ________
(4) das Kind die ________
(5) die Lehrerin die ________
(6) der Journalist die ________
(7) der Sänger die ________
(8) der Student die ________

3. 다음 명사를 격 변화시키시오.

(1)

수	격	der Bruder	der Lehrer
단수	1격(N.)		
	2격(G.)		
	3격(D.)		
	4격(A.)		
복수	1격(N.)		
	2격(G.)		
	3격(D.)		
	4격(A.)		

(2)

수	격	der Gast	das Tier
단수	1격(N.)		
	2격(G.)		
	3격(D.)		
	4격(A.)		
복수	1격(N.)		
	2격(G.)		
	3격(D.)		
	4격(A.)		

(3)

수	격	der Mann	das Buch
단수	1격(N.)		
	2격(G.)		
	3격(D.)		
	4격(A.)		
복수	1격(N.)		
	2격(G.)		
	3격(D.)		
	4격(A.)		

(4)

수	격	der Mensch	die Frau
단수	1격(N.)		
	2격(G.)		
	3격(D.)		
	4격(A.)		
복수	1격(N.)		
	2격(G.)		
	3격(D.)		
	4격(A.)		

(5)

수	격	der Nachbar	der Bauer
단수	1격(N.)		
	2격(G.)		
	3격(D.)		
	4격(A.)		
복수	1격(N.)		
	2격(G.)		
	3격(D.)		
	4격(A.)		

(6)

수	격	der Herr	das Herz
단수	1격(N.)		
	2격(G.)		
	3격(D.)		
	4격(A.)		
복수	1격(N.)		
	2격(G.)		
	3격(D.)		
	4격(A.)		

(7)

수	격	der Name
단수	1격(N.)	
	2격(G.)	
	3격(D.)	
	4격(A.)	
복수	1격(N.)	
	2격(G.)	
	3격(D.)	
	4격(A.)	

(8)

수	격	der Kaufmann
단수	1격(N.)	
	2격(G.)	
	3격(D.)	
	4격(A.)	
복수	1격(N.)	
	2격(G.)	
	3격(D.)	
	4격(A.)	

(9)

수	격	das Auto
단수	1격(N.)	
	2격(G.)	
	3격(D.)	
	4격(A.)	
복수	1격(N.)	
	2격(G.)	
	3격(D.)	
	4격(A.)	

3. 정관사와 부정관사(der bestimmte Artikel und der unbestimmte Artikel)

관사에는 정관사와 부정관사가 있고 명사의 성·수·격을 표시해준다.

1) 정관사

정확한 사람이나 사물을 지칭하며 영어의 'the'의 의미를 갖는다.

격	남성(m.)	여성(f.)	중성(n.)	복수(pl.)
1격(N.) ~가, ~이, ~는	der	die	das	die
2격(G.) ~의	des	der	des	der
3격(D.) ~에게	dem	der	dem	den
4격(A.) ~을, ~를	den	die	das	die

1격: der Onkel(그 아저씨는) die Studentin(그 여대생은)
2격: des Onkels(그 아저씨의) der Studentin(그 여대생의)
3격: dem Onkel(그 아저씨에게) der Studentin(그 여대생에게)
4격: den Onkel(그 아저씨를) die Studentin(그 여대생을)

2) 부정관사

처음에 소개된 사람이나 사물을 지칭할 때 쓰이며 영어의 'a, an'의 의미를 갖는다. 따라서 복수는 없다.

격	남성(m.)	여성(f.)	중성(n.)
1격(N.)	ein	eine	ein
2격(G.)	eines	einer	eines
3격(D.)	einem	einer	einem
4격(A.)	einen	eine	ein

1격: ein Mann(한 남자는)
2격: eines Mannes(한 남자의)
3격: einem Mann(한 남자에게)
4격: einen Mann(한 남자를)

eine Mutter(한 어머니는)
einer Mutter(한 어머니의)
einer Mutter(한 어머니에게)
eine Mutter(한 어머니를)

3) 정관사류

정관사 어미변화를 하며 dies-(이), jen-(저), solch-(그와 같은), all-(모든), jed-(각), manch-(많은), welch-(어떤)가 있다.

격	남성(m.)	여성(f.)	중성(n.)	복수(pl.)
1격(N.)	dieser	diese	dieses	diese
2격(G.)	dieses	dieser	dieses	dieser
3격(D.)	diesem	dieser	diesem	diesen
4격(A.)	diesen	diese	dieses	diese

1격: dieser Mann(이 남자는)
2격: dieses Mannes(이 남자의)
3격: diesem Mann(이 남자에게)
4격: diesen Mann(이 남자를)

diese Mutter(이 어머니는)
dieser Mutter(이 어머니의)
dieser Mutter(이 어머니에게)
diese Mutter(이 어머니를)

4) 부정관사류

부정관사 어미변화를 하며 소유대명사(mein, dein, sein, ihr, unser, euer, ihr, Ihr)와 부정사 kein(영어의 no의 의미)이 있다. 단, 복수 명사 앞에서는 정관사 어미변화를 한다.

격	남성(m.)	여성(f.)	중성(n.)	복수(pl.)
1격(N.)	mein	meine	mein	meine
2격(G.)	meines	meiner	meines	meiner
3격(D.)	meinem	meiner	meinem	meinen
4격(A.)	meinen	meine	mein	mene

1격: mein Vater(나의 아버지는)
2격: meines Vaters(나의 아버지의)
3격: meinem Vater(나의 아버지에게)
4격: meinen Vater(나의 아버지를)

meine Frau(나의 부인이)
meiner Frau(나의 부인의)
meiner Frau(나의 부인에게)
meine Frau(나의 부인을)

1격: meine Eltern(나의 부모님이)
2격: meiner Eltern(나의 부모님의)
3격: meinen Eltern(나의 부모님에게)
4격: meine Eltern(나의 부모님을)

【Übungen】

1. 다음 명사의 정관사 1격을 쓰시오.

(1) ____ Professor ____ Mutter
(2) ____ Frau ____ Name
(3) ____ Studentin ____ Tag
(4) ____ Universität ____ Arzt
(5) ____ Ausland ____ Beruf
(6) ____ Bruder ____ Einzelkind
(7) ____ Familie ____ Foto
(8) ____ Geschäftsmann ____ Geschwister
(9) ____ Journalistin ____ Freundschaft
(10) ____ Nation ____ Sänger

2. 다음 명사의 부정관사 1격을 쓰시오.

(1) ____ Professor ____ Mutter
(2) ____ Frau ____ Name
(3) ____ Studentin ____ Tag
(4) ____ Universität ____ Arzt
(5) ____ Ausland ____ Beruf
(6) ____ Bruder ____ Einzelkind
(7) ____ Familie ____ Foto
(8) ____ Geschäftsmann ____ Geschwister

(9) ___ Journalistin ___ Freundschaft

(10) ___ Nation ___ Sänger

3. 다음 ( ) 안에 알맞은 정관사를 넣으시오.

(1) Ich antworte ( ) Lehrer.

(2) Ich danke ( ) Lehrer.

(3) Ich lese ( ) Buch.

(4) Ich frage ( ) Arzt.

(5) Ich kaufe ( ) Mutter ( ) Geschenk.

(6) Ich habe ( ) Kugel.

(7) Ich trinke ( ) Glas Bier.

(8) Ich helfe ( ) Tante.

(9) Ich besuche ( ) Onkel.

(10) Ich begegne ( ) Freundin.

4. 밑줄 친 곳에 알맞은 어미를 넣으시오.

(1) Mein__ Vater und mein__ Mutter sind zu Hause.

(2) Sie ist mein__ Schwester.

(3) Wir lieben unser__ Großvater.

(4) Dein__ Katze heißt Dabi.

(5) Ich helfe mein__ Mutter.

(6) Dies__ Studentin hat eine Blume.

(7) Jen__ Lehrer antwortet dies__ Mann.

(8) All__ Anfang ist schwer.

(9) Welch__ Berg ist höher, Alpen oder Rigi?

(10) Der Onkel dies__ Kindes ist reich.

4. 인칭대명사와 격 (Das Personalpronomen und der Kasus)

1) 인칭대명사의 격 변화

수	격	1인칭	2인칭		3인칭		
단수	1격	ich	du	Sie(경칭)	er	es	sie
	2격	meiner	deiner	Ihrer	seiner	seiner	ihrer
	3격	mir	dir	Ihnen	ihm	ihm	ihr
	4격	mich	dich	Sie	ihn	es	sie
복수	1격	wir	ihr	Sie(경칭)	sie		
	2격	unser	euer	Ihrer	ihrer		
	3격	uns	euch	Ihnen	ihnen		
	4격	uns	euch	Sie	sie		

독일어의 인칭대명사는 ich(나), du(너), er(그 남자), es(그것), sie(그녀), wir(우리들), ihr(너희들), sie(그들), Sie(당신)가 있다. 인칭대명사는 각각 격에 따라 변화한다.

2) 인칭대명사 1격

Ich bin Lehrerin.(나는 여선생님이다.)

Du bist Lehrer.(너는 선생님이다.)

Er ist Student.(그는 대학생이다.)

Sie ist Studentin.(그녀는 여대생이다.)

Wir sind Studenten.(우리들은 대학생들이다.)

Sie sind Lehrerinnen.(그들은 선생님들이다.)

Sie sind Arzt.(당신은 의사이다.)

3) 인칭대명사 2격

소유의 뜻은 없고 2격 지배 전치사와 동사 뒤에 쓰고 형용사 앞에 쓴다.

Ich gehe in die Universität statt seiner.(나는 그 남자 대신에 대학으로 간다.)
Ich spotte deiner.(나는 너를 비웃는다.)
Du bist meiner bedürftig.(너는 내가 필요하다.)

4) 인칭대명사의 3격

3격 지배 동사와 전치사 뒤에 쓰고 형용사 앞에 쓴다.

Ich danke Ihnen.(나는 당신에게 감사한다.)
Ich gebe dir ein Buch.(나는 너에게 책을 준다.)
Er hilft dir.(그는 너를 도와준다.)
Ich wohne hier mit dir.(나는 여기서 너와 함께 산다.)
Meine Tochter ist mir ähnlich.(나의 딸은 나를 닮았다.)

5) 인칭대명사의 4격

4격 지배 동사와 전치사 뒤에 쓴다.

Ich besuche dich.(나는 너를 방문한다.)
Ich grüße sie.(나는 그녀에게 인사한다.)
Ich lese den Brief für dich.(나는 너를 위해서 편지를 읽는다.)
Ich gehe nicht nach Hause ohne dich.(나는 너 없이 집으로 가지 않는다.)

6) 인칭대명사의 위치

인칭대명사는 항상 일반명사보다 앞에 위치한다. 단, 일반명사만 있을 경우, 3격+4격의 어순을 취하고 인칭대명사만 있을 경우, 4격+3격의 어순을 취한다.

Ich schenke dem Schüler ein Buch.(나는 학생에게 책을 선물한다.)
⇒ Ich schenke ihm ein Buch.
⇒ Ich schenke es dem Schüler.
⇒ Ich schenke es ihm.

7) 전치사와 인칭대명사의 결합

평서문일 경우, 전치사+사물은 da(r)+전치사로 바꿀 수 있고 전치사+인칭대명사(사람)는 전치사+인칭대명사로 쓴다. 의문문일 경우, 전치사+사물은 wo(r)+전치사로 바꿀 수 있고 전치사+인칭대명사(사람)는 전치사+wer의 격 변화(전치사가 3격 혹은 4격 지배인지에 따라서 3격 wem, 4격 wen)로 의문문을 만든다.

(1) 전치사+사물

Ich habe einen Kuli.(나는 볼펜을 갖고 있다.)
⇒ Ich schreibe damit. (Ich schreibe mit einem Kuli. 나는 볼펜을 가지고 쓴다.)

Ich warte jetzt auf den Bus.(나는 지금 버스를 기다린다.)
⇒ Ich warte jetzt darauf.

Worauf freuen Sie sich?(당신은 무엇을 학수고대하는가?)
⇒ Ich freue mich auf die Sommerferien.(나는 여름방학을 학수고대한다.)

쉽게 배우는

(2) 전치사+사람

Ich gehe mit dem Freund.(나는 친구와 함께 간다.)

⇒ Ich gehe mit ihm.

Auf wen freuen Sie sich?(당신은 누구를 기쁜 마음으로 기다리는가?)

⇒ Ich freue mich auf dich.(나는 너를 기쁜 마음으로 기다린다.)

Mit wem arbeiten Sie?(당신은 누구와 함께 일하는가?)

⇒ Ich arbeite mit ihm.(나는 그와 함께 일한다.)

【Übungen】

1. 인칭대명사의 격 변화를 쓰시오.

수	격	1인칭	2인칭	3인칭
단수	1격			
	2격			
	3격			
	4격			
복수	1격			
	2격			
	3격			
	4격			

2. (　　) 안에 알맞은 인칭대명사의 격을 쓰시오.

(1) (　　) bin Lehrerin.
(2) (　　) sind Lehrerinnen.
(3) Du bist (　　) bedürftig. (ich)
(4) Ich danke (　　). (Sie)
(5) Ich gebe (　　) ein Buch. (du)
(6) Er hilft (　　). (du)
(7) Ich wohne hier mit (　　). (du)
(8) Ich besuche (　　). (er)
(9) Ich grüße (　　). (ihr)
(10) Ich lese den Brief für (　　). (du)

쉽게 배우는

3. 밑줄 친 곳에 알맞은 인칭대명사를 쓰시오.

(1) Ich habe einen Kuli.

⇒ Ich habe ________.

(2) Wartest du auf den Bus?

⇒ Wartest du auf ________.

(3) Gehen Sie mit dem Lehrer?

⇒ Gehen Sie mit ________?

4. 알맞은 인칭대명사를 쓰시오.

(1) Ich schenke dem Schüler ein Buch.

⇒ Ich schenke (   ) ein Buch.

⇒ Ich schenke (   ) dem Schüler.

⇒ Ich schenke (   ) (   ).

(2) Wie geht es (   ), Herr Bergmann?

(3) Das Buch gehört (   ). (ich)

(4) Meine Schwester ist (   ) ähnlich. (ich)

(5) Der Junge fragt (   ). (du)

5. 같은 의미이거나 대화가 통하도록 (   ) 안을 채우시오.

(1) Ich warte jetzt auf den Bus.

⇒ Ich warte jetzt (   ).

(2) (   ) freuen Sie sich?

⇒ Ich freue mich auf die Sommerferien.

(3) (   ) (   ) freuen Sie sich?

⇒ Ich freue mich auf dich.

(4) (   ) (   ) arbeiten Sie?

⇒ Ich arbeite mit ihm.

5. 동사의 현재 인칭 변화

독일어 동사는 주어에 따라 인칭 변화를 한다. 즉, 규칙 변화와 불규칙 변화를 하는데 규칙 변화 동사는 일정한 법칙에 따라 변화하며 불규칙 변화 동사는 강변화 동사들과 sein, haben 동사가 있다.

1) 규칙 변화 동사

규칙 변화 동사는 거의 일반적으로 다음과 같은 어미변화를 하며 wir, sie(복수), Sie 인 경우는 항상 동사원형을 취한다.

인칭	어미	kommen(오다)	wohnen(살다)	lernen(배우다)
ich	-e	komme	wohne	lerne
du	-st	kommst	wohnst	lernst
er/es/sie	-t	kommt	wohnt	lernt
wir	-en	kommen	wohnen	lernen
ihr	-t	kommt	wohnt	lernt
sie	-en	kommen	wohnen	lernen
Sie	-en	kommen	wohnen	lernen

단, 규칙 변화 동사 중에서 동사의 어간이(wander/n의 경우 wander를 어간, n을 어미라 한다) -er, -el로 끝나는 경우 ich에서 어간의 e를 생략한다.

인칭	어미	wandern(떠돌다)	tadeln(꾸짖다)	lächeln(비웃다)
ich	-e	wandre	tadle	lächle
du	-st	wanderst	tadelst	lächelst
er/es/sie	-t	wandert	tadelt	lächelt
wir	-en	wandern	tadeln	lächeln
ihr	-t	wandert	tadelt	lächelt
sie	-en	wandern	tadeln	lächeln
Sie	-en	wandern	tadeln	lächeln

단, heißen은 du에서 -t만 붙이고 arbeiten은 du, er, ihr에서 발음상 e를 넣는다.

인칭	어미	heißen(~라고 불리우다)	hassen(증오하다)
ich	-e	heiße	hasse
du	-st	heißt	hasst
er/es/sie	-t	heißt	hasst
wir	-en	heißen	hassen
ihr	-t	heißt	hasst
sie	-en	heißen	hassen
Sie	-en	heißen	hassen

동사의 어간(arbeit/en의 경우 arbeit를 어간, en을 어미라 한다)이 -d, -dm, -dn, -gn, -ckn, -t, -tm, -fn, -chn로 끝나는 경우 발음상 e를 넣는다.

인칭	어미	arbeiten(일하다)	antworten(대답하다)	öffnen(열다)
ich	-e	arbeite	antworte	öffne
du	-st	arbeitest	antwortest	öffnest
er/es/sie	-t	arbeitet	antwortet	öffnet
wir	-en	arbeiten	antworten	öffnen
ihr	-t	arbeitet	antwortet	öffnet
sie	-en	arbeiten	antworten	öffnen
Sie	-en	arbeiten	antworten	öffnen

2) 불규칙 변화 동사

강변화 동사들이 해당되며 fahren, helfen, lesen, empfehlen, nehmen 등이 있다. 강변화 동사들은 규칙변화 동사와 같이 어미변화를 하지만 2인칭(du)과 3인칭(er/es/sie)에서만 불규칙 변화를 한다.

(1) a ⇒ ä

인칭	어미	fahren(타고 가다)	halten(멈추다)	raten(충고하다)
ich	-e	fahre	halte	rate
du	¨st	fährst	hältst	rätst
er/es/sie	¨t	fährt	hält	rät
wir	-en	fahren	halten	raten
ihr	-t	fahrt	haltet	ratet
sie	-en	fahren	halten	raten
Sie	-en	fahren	halten	raten

그 밖에 fallen(떨어지다), tragen(운반하다), schlafen(잠자다), fangen(잡다), wachsen(성장하다), schlagen(때리다), laufen(뛰다), backen(빵을 굽다), blasen (불다), graben(파다) 등이 있다.

(2) e ⇒ ie

인칭	어미	lesen(읽다)	sehen(보다)	empfehlen(추천하다)
ich	-e	lese	sehe	empfehle
du	ie-st	liest	siehst	empfiehlst
er/es/sie	ie-t	liest	sieht	empfiehlt
wir	-en	lesen	sehen	empfehlen
ihr	-t	lest	seht	empfehlt
sie	-en	lesen	sehen	empfehlen
Sie	-en	lesen	sehen	empfehlen

그 밖에 geschehen(발생하다), stehlen(훔치다), befehlen(명령하다, 맡기다) 등이 있다.

(3) e ⇒ i

인칭	어미	helfen(도와주다)	sprechen(말하다)	essen(먹다)
ich	-e	helfe	spreche	esse
du	i-st	hilfst	sprichst	isst
er/es/sie	i-t	hilft	spricht	isst
wir	-en	helfen	sprechen	essen
ihr	-t	helft	sprecht	esst
sie	-en	helfen	sprechen	essen
Sie	-en	helfen	sprechen	essen

그 밖에 sterben(죽다), brechen(부서지다), treffen(만나다), gelten(가치가 있다), schelten(꾸짖다), werfen(던지다), messen(측정하다), vergessen(잊다), schmelzen(녹다) 등이 있다.

(4) 완전 불규칙 변화 동사

일정한 규칙 없이 2인칭(du)과 3인칭(er/es/sie)에서 특수하게 변화하는 동사들이 해당된다. 일부 동사는 1인칭(ich)에서도 변화한다.

인칭	nehmen(~을 취하다)	wissen(알다)	treten(걷다)
ich	nehme	weiß	trete
du	nimmst	weißt	trittst
er/es/sie	nimmt	weiß	tritt
wir	nehmen	wissen	treten
ihr	nehmt	wisst	tretet
sie	nehmen	wissen	treten
Sie	nehmen	wissen	treten

(5) sein과 haben 동사

sein 동사(~이다, ~있다)는 영어의 be동사와 같은 의미를 지니며 불규칙 변화한다. haben 동사(가지고 있다)는 영어의 have, has의 의미를 지니며 또한 불규칙 변화한다.

인칭	sein(~이다, ~있다)	haben(가지고 있다)
ich	bin	habe
du	bist	hast
er/es/sie	ist	hat
wir	sind	haben
ihr	seid	habt
sie	sind	haben
Sie	sind	haben

Ich bin Professorin.(나는 여교수이다.)

Du bist Professor.(너는 교수이다.)

Er ist Student.(그는 대학생이다.)

Wir sind Studentinnen.(우리들은 여대생들이다.)

Ihr seid Journalisten.(너희들은 신문기자들이다.)

Sie sind Lehrer.(당신은 선생님이다, 그들은 선생님이다.)

Ich habe einen Sohn.(나는 아들이 한 명 있다.)

Du hast eine Tochter.(너는 딸이 한 명 있다.)

Er hat einen Apfel.(그는 사과를 갖고 있다.)

Wir haben eine Tante.(우리들은 숙모가 있다.)

Ihr habt einen Onkel.(너희들은 삼촌이 있다.)

Sie haben Kinder.(당신은 아이들이 있다, 그들은 아이들이 있다.)

※ 숙어

Was sind Sie von Beruf?	당신은 직업이 무엇입니까?
⇒ Ich bin Lehrer.	나는 선생님입니다.

(6) 불규칙 변화 동사 예문들

Der Bus hält dort.	버스가 거기서 멈춘다.
Sie liest noch den Brief.	그녀가 아직도 편지를 읽는다.
Er sieht die Frau.	그는 그 부인을 본다.
Sie trifft ihren Sohn.	그녀는 그녀의 아들을 만난다.
Du sprichst Deutsch sehr gut.	너는 독일어를 매우 잘 말한다.
Ein Mann schläft noch.	남자가 아직도 잠잔다.
Ich nehme ein Taxi.	나는 택시를 탄다.
Du gibst dem Mann ein Heft.	너는 그 남자에게 공책을 준다.
Du isst einen Apfel.	너는 사과를 먹는다.

Eine Frau hilft dem Mann gern.	부인이 그 남자를 기꺼이 도와준다.
Du stiehlst das Geld nicht.	너는 돈을 훔치지 않는다.
Du weißt den Satz nicht.	너는 그 문장을 알지 못한다.
Frau Kim trägt den Koffer.	김 여사가 가방을 나른다.
Der Junge wirft einen Ball.	소년이 공을 던진다.
Der Hund läuft sehr schnell.	개가 매우 빨리 달린다.
Du vergaßt meinen Namen.	너는 나의 이름을 잊었다.
Der Onkel bäckt Brot.	아저씨가 빵을 굽는다.
Der Professor rät der Studentin.	교수가 그 여대생에게 조언을 한다.
Du trittst in das Klassenzimmer.	너는 교실로 들어간다.
Das Glas fällt dir aus der Hand.	유리잔이 너의 손에서 떨어진다.
Der Polizist fängt einen Dieb.	경찰이 도둑을 잡는다.

【Übungen】

1. 다음 규칙 변화 동사들의 현재 인칭 변화를 쓰시오.

(1)

인칭	kommen	wohnen	lernen
ich			
du			
er/es/sie			
wir			
ihr			
sie			
Sie			

(2)

인칭	wandern	heißen	hassen
ich			
du			
er/es/sie			
wir			
ihr			
sie			
Sie			

(3)

인칭	arbeiten	antworten	öffnen
ich			
du			
er/es/sie			
wir			
ihr			
sie			
Sie			

2. 다음 불규칙 변화 동사들의 현재 인칭 변화를 쓰시오.

(1)

인칭	fahren	halten	schlafen
ich			
du			
er/es/sie			
wir			
ihr			
sie			
Sie			

(2)

인칭	lesen	sehen	empfehlen
ich			
du			
er/es/sie			
wir			
ihr			
sie			
Sie			

(3)

인칭	helfen	sprechen	treffen
ich			
du			
er/es/sie			
wir			
ihr			
sie			
Sie			

3. 다음 완전 불규칙 변화 동사들의 현재 인칭 변화를 쓰시오.

인칭	nehmen	wissen	treten
ich			
du			
er/es/sie			
wir			
ihr			
sie			
Sie			

4. 다음 sein 동사의 현재 인칭 변화를 쓰시오.

인칭	sein
ich	
du	
er/es/sie	
wir	
ihr	
sie	
Sie	

5. 다음 haben 동사의 현재 인칭 변화를 쓰시오.

인칭	haben
ich	
du	
er/es/sie	
wir	
ihr	
sie	
Sie	

6. 다음 (　　) 안에 알맞은 동사를 쓰시오.

(1) Der Bus (　　) dort.(버스가 거기서 멈춘다.)
(2) Er (　　) die Frau.(그는 그 부인을 본다.)
(3) Ich (　　) ein Taxi.(나는 택시를 탄다.)
(4) Sie (　　) ihren Sohn.(그녀는 그녀의 아들을 만난다.)
(5) Du (　　) dem Mann ein Heft.(너는 그 남자에게 공책을 준다.)
(6) Du (　　) das Geld nicht.(너는 돈을 훔치지 않는다.)
(7) Der Onkel (　　) Brot.(아저씨가 빵을 굽는다.)
(8) Du (　　) in das Klassenzimmer.(너는 교실로 들어간다.)
(9) Das Glas (　　) dir aus der Hand.(유리잔이 너의 손에서 떨어진다.)
(10) Der Polizist (　　) einen Dieb.(경찰이 도둑을 잡는다.)

6. 소유관사(Das Possessivartikel)

소유관사는 명사 앞에 위치하여 형용사의 역할을 하는 부가어적 용법, 술어적 용법과 명사적 용법이 있으며 사람이나 사물의 소유를 의미한다.

인칭	소유관사
ich	mein(나의)
du	dein(너의)
er/es/sie	sein/sein/ihr(그의/그것의/그녀의)
wir	unser(우리들의)
ihr	euer(너희들의)
sie	ihr(그들의)
Sie	Ihr(당신의)

1) 부가어적 용법

소유관사는 명사 앞에 위치하여 형용사의 역할을 하며 부정관사 어미변화를 한다. 단, 복수 명사 앞에서는 정관사 복수 어미변화를 한다(3. 4) 참조).

격	남성(m.)	여성(f.)	중성(n.)	복수(pl.)
1격(N.)	mein Mann	meine Tochter	mein Kind	meine Kinder
2격(G.)	meines Mannes	meiner Tochter	meines Kindes	meiner Kinder
3격(D.)	meinem Mann	meiner Tochter	meinem Kind	meinen Kindern
4격(A.)	meinen Mann	meine Tochter	mein Kind	meine Kinder

1격: Das ist meine Frau.(이 분은 나의 부인이다.)

2격: Das ist mein Mann meiner Tochter.(이 분은 내 딸의 남편이다.)

3격: Ich schenke meinem Kind ein Buch.(나는 내 아이에게 책을 선물한다.)

4격: Sie hat mein Buch.(그녀는 내 책을 갖고 있다.)

※ 2격에서 남성명사와 중성명사는 -(e)s를 붙이고 여성과 복수는 변화가 없다.
※ 3격 복수명사에는 항상 -n 어미를 붙인다.
※ ihr의 소유관사 euer는 뒤에 복수명사가 올 경우 e가 생략된다: eure Kinder

2) 술어적 용법

술어적으로 쓰이는 소유관사는 변화를 하지 않는다.

Dieser Kuli ist mein.(이 볼펜은 내 것이다.)
Das Buch ist dein.(그 책은 너의 것이다.)
Diese Bücher sind unser.(이 책들은 우리들의 것이다.)
Der Regenschirm ist ihr.(그 우산은 그녀의 것이다.)

3) 명사적 용법

성·수·격이 분명하지 않은 주어, es, das, dies, jenes가 올 때 쓰인다.

① 정관사 어미를 취하는 경우
② 정관사+소유관사+형용사 약변화 어미
③ 정관사+소유관사+ig+형용사 약변화 어미

격	남성(m.)	여성(f.)	중성(n.)	복수(pl.)
1격(N.)	meiner	meine	mein(e)s	meine
2격(G.)	meines	meiner	meines	meiner
3격(D.)	meinem	meiner	meinem	meinen
4격(A.)	meinen	meine	mein(e)s	meine

1격(N.) 2격(G.) 3격(D.) 4격(A.)	der meine des meinen dem meinen den meinen	die meine der meinen der meinen die meine	das meine des meinen dem meinen das meine	die meinen der meinen den meinen die meinen
1격(N.) 2격(G.) 3격(D.) 4격(A.)	der meinige des meinigen dem meinigen den meinigen	die meinige der meinigen der meinigen die meinige	das meinige des meinigen dem meinigen das meinige	die meinigen der meinigen den meinigen die meinigen

Wessen Kuli ist das?(이것은 누구의 볼펜이니?)

⇒ Das ist meiner.(이것은 나의 볼펜이다.)

⇒ Das ist der meine.

⇒ Das ist der meinige.

Wessen Uhr ist das?(이것은 누구의 시계이니?)

⇒ Das ist meine.(이것은 나의 시계이다.)

⇒ Das ist die meine.

⇒ Das ist die meinige.

Wessen Heft ist das?(이것은 누구의 공책이니?)

⇒ Das ist mein(e)s.(이것은 나의 공책이다.)

⇒ Das ist das meine.

⇒ Das ist das meinige.

【Übungen】

1. 다음 표에 알맞은 소유관사를 쓰시오.

인칭	소유관사
ich	
du	
er/es/sie	
wir	
ihr	
sie	
Sie	

2. 다음 표에 알맞은 소유관사의 격 변화를 쓰시오.

(1)

격	남성(m.)
1격(N.)	mein Mann
2격(G.)	
3격(D.)	
4격(A.)	

(2)

격	여성(f.)
1격(N.)	deine Frau
2격(G.)	
3격(D.)	
4격(A.)	

(3)

격	중성(n.)
1격(N.)	sein Kind
2격(G.)	
3격(D.)	
4격(A.)	

(4)

격	복수(pl.)
1격(N.)	eure Bücher
2격(G.)	
3격(D.)	
4격(A.)	

3. 다음은 소유관사의 술어적 용법이다. 알맞은 소유관사를 쓰시오.

(1) Diese Feder ist ( ). (ich)

(2) Jenes Buch ist ( ). (du)

(3) Diese Bücher sind ( ). (wir)

(4) Der Regenschirm ist ( ). (sie f.)

4. 다음은 소유관사의 명사적 용법이다. 밑줄 친 곳을 알맞게 채우시오.

(1) Wessen Kuli ist das?

⇒ Das ist ________. (ich)

⇒ Das ist ________.

⇒ Das ist ________.

(2) Wessen Uhr ist das?

⇒ Das ist ____________. (du)

⇒ Das ist ____________.

⇒ Das ist ____________.

(3) Wessen Heft ist das?

⇒ Das ist ____________. (ich)

⇒ Das ist ____________.

⇒ Das ist ____________.

7. 화법조동사(Das Modalverb)

화법조동사는 본동사의 의미를 도와주고 보충 설명하는 기능을 갖는다.

1) 화법조동사의 종류 및 현재 인칭 변화

화법조동사는 본동사의 뜻을 보충 설명해 주고 항상 1인칭(ich)과 3인칭(er/es/sie)의 변화는 같다. 본동사를 취할 경우 문장 맨 끝에 동사원형으로 쓴다.

인칭	können	mögen	wollen	müssen	dürfen	sollen
ich	kann	mag	will	muss	darf	soll
du	kannst	magst	willst	musst	darfst	sollst
er/es/sie	kann	mag	will	muss	darf	soll
wir	können	mögen	wollen	müssen	dürfen	sollen
ihr	könnt	mögt	wollt	müsst	dürft	sollt
sie	können	mögen	wollen	müssen	dürfen	sollen
Sie	können	mögen	wollen	müssen	dürfen	sollen

2) 화법조동사의 뜻

können ~할 수 있다 ~할지도 모른다 ~해도 좋다	능력: Kannst du gut Deutsch sprechen? (너는 독일어를 잘 말할 수 있니?) 가능: Kann man hier Theaterkarten kaufen? (사람들이 여기서 극장표를 살 수 있나요?) 허락: Du kannst mein Auto nehmen. (너는 내 자동차를 타도 좋다.) 정중한 표현: Kann ich Ihnen helfen? (제가 당신을 도와드릴까요?)

mögen ~을 좋아한다 ~일 것이다	기호: Ich mag moderne Musik. (나는 현대 음악을 좋아한다.) 추측: Die Frau mag dreißig Jahre alt sein. (그 부인은 서른 살 쯤 되어 보인다.)
wollen ~할 것이다 ~라고 주장한다	의도: Ich will Physik studieren. (나는 물리학을 공부할 것이다.) 주장: Die Kinder wollen es gesehen haben. (아이들은 그것을 보았다고 주장한다.)
müssen ~해야만 한다 ~임에 틀림없다 ~당연히 그렇게 된다(필연)	강요: Ich muss nach Haus gehen. (나는 집으로 가야 한다.) 확신: Jetzt muss er in Berlin sein. (그는 베를린에 있음에 틀림없다.) 필연: Man muss einmal sterben, wenn man geboren ist. (사람은 태어나면 한번은 죽게 마련이다.)
dürfen ~해도 좋다 ~해서는 안 된다(nicht와 함께) ~해도 될까요	허락: Du darfst heute ins Kino gehen. (너는 오늘 영화관에 가도 좋다.) 금지: Hier darf man nicht rauchen. (사람들은 여기서 담배를 피워서는 안 된다.) 정중한 표현: Darf ich Ihnen helfen? (제가 당신을 도와드려도 될까요?)
sollen ~해야 한다 ~라고 한다	도덕적 의무: Die Kinder sollen ihren Eltern gehorchen. (아이들은 그들의 부모님께 순종해야만 한다.) 소문: Im kommenden Winter soll es sehr kalt werden. (다가오는 겨울에는 매우 춥다고 한다.)

※ möchten은 mögen의 접속법 II식의 형태로 '~을 원하다'의 의미를 갖고 Ich möchte, du möchtest, er/es/sie möchte, wir möchten, ihr möchtet, sie/Sie möchten의 형태로 변화한다.

3) 화법조동사에 준하는 지각동사와 사역동사

지각동사와 사역동사도 화법조동사와 같이 문장 맨 끝에 동사원형을 취한다.

(1) 지각동사

hören(듣다), sehen(보다), fühlen(느끼다), empfinden(느끼다), spüren(느끼다)

Ich höre ein Kind weinen.(나는 아이가 우는 소리를 듣는다.)

Ich sehe meine Schwester kommen.(나는 내 여동생이 오는 것을 본다.)

Der Lehrer fühlt Herbst kommen.(선생님이 가을이 오는 것을 느낀다.)

(2) 사역동사

lassen(하게 하다), machen(시키다), heißen(명령하다), lehren(가르치다), lernen(배우다), helfen(도와주다)

Du lässt dir einen Anzug machen.(너는 너의 양복을 만들게 한다.)

Ich lehre dich Ski fahren.(나는 네가 스키 타는 것을 가르친다.)

Du hilfst deiner Mutter kochen.(너는 너의 어머니가 요리하시는 것을 돕는다.)

【Übungen】

1. 화법조동사의 현재 인칭 변화를 쓰시오.

인칭	können	mögen	wollen	müssen	dürfen	sollen
ich						
du						
er/es/sie						
wir						
ihr						
sie						
Sie						

2. 다음 ( ) 안에 알맞은 화법조동사를 쓰시오.

(1) ( ) ich Ihnen helfen? (정중한 표현)

(2) ( ) Sie gut Deutsch sprechen? (능력)

(3) Er ( ) ins Kino gehen. (허락)

(4) Die Kinder ( ) nicht auf der Straße spielen. (금지)

(5) Ich ( ) gern eine Tasse Kaffee trinken. (기호)

(6) Die schöne Frau ( ) etwa 40 Jahre alt sein. (추측)

(7) Die Kinder ( ) ihren Eltern gehorchen. (의무)

(8) Du ( ) wieder im nächsten Jahr die Prüfung machen. (의도)

(9) Im kommenden Sommer (   ) es sehr heiß werden. (소문)

(10) Jetzt (   ) du in Berlin sein. (확신)

(11) Die Kinder (   ) es gesehen haben. (주장)

(12) Man (   ) einmal sterben, wenn man geboren ist. (필연)

3. 다음 (   ) 안에 알맞은 지각동사를 쓰시오.

(1) Ich (   ) ein Kind weinen.

(2) Ich (   ) meine Mutter kommen.

(3) Der Lehrer (   ) Winter kommen.

4. 다음 (   ) 안에 알맞은 사역동사를 쓰시오.

(1) Er (   ) sich einen Anzug machen.

(2) Ich (   ) ihn Ski fahren.

(3) Sie (   ) ihrer Mutter kochen. (sie는 f.)

8. 명령법(Der Imperativ)

명령문은 2인칭 단수(du), 2인칭 복수(ihr), 경칭(Sie)에게 명령을 나타내는 화법이며 문장 끝에 느낌표(!)를 붙인다. du, ihr에 대한 명령문은 주어를 생략하지만 Sie에 대한 명령문은 주어를 써야 한다.

1) 명령문의 종류와 형태

명령문	du에 대한 명령: 어간+(e)! ihr에 대한 명령: 어간+(e)t! 경칭 Sie에 대한 명령: 어간+en Sie!	Sag(e)!(말해!) Sagt!(말들 해!) Sagen Sie!(말하세요!)

2) 동사들의 명령형

동사	du에 대한 명령	ihr에 대한 명령	Sie에 대한 명령
hören(듣다)	Hör(e)!	Hört!	Hören Sie!
warten(기다리다)	Wart(e)!	Wart!	Warten Sie!
handeln(행하다)	Handl(e)!	Handelt!	Handeln Sie!
mitbringen (가지고 오다)	Bring(e) mit!	Bringt mit!	Bringen Sie!
sich setzen(앉다)	Setz(e) dich!	Setzt euch!	Setzen Sie sich!

3) 강변화 동사들의 명령형

동사	du에 대한 명령	ihr에 대한 명령	Sie에 대한 명령
fahren(타고 가다)	Fahr(e)!	Fahrt!	Fahren Sie!
halten(멈추다)	Halt(e)!	Haltet!	Halten Sie!
lassen (그만두다, 떠나다)	Lass!	Lasst!	Lassen Sie!
laufen(뛰다)	Lauf(e)	Lauft!	Laufen Sie!
essen(먹다)	Iss!	Esst!	Essen Sie!
sprechen(말하다)	Sprich!	Sprecht!	Sprechen Sie!
geben(주다)	Gib!	Gebt!	Geben Sie!
lesen(읽다)	Lies!	Lest!	Lesen Sie!
nehmen(취하다)	Nimm!	Nehmt!	Nehmen Sie!

4) 불규칙 변화 동사들의 명령형

동사	du에 대한 명령	ihr에 대한 명령	Sie에 대한 명령
sein(~이다, ~있다)	Sei!	Seid!	Seien Sie!
haben(가지고 있다)	Hab(e)!	Habt!	Haben Sie!
werden(되다)	Werd(e)!	Werdet!	Werden Sie!

※ du에 대한 명령은 e가 i나 ie로 변하는 것은 어간만 쓰고 그 밖에 동사는 어간+(e)로 쓴다. ihr에 대한 명령은 현재 인칭 변화와 같고 Sie에 대한 명령은 현재 인칭 변화와 같고 Sie를 꼭 써야 한다.

5) 그 밖에 wir에 대한 명령형

wir에 대한 명령형은 현재 인칭 변화와 같고 주어 wir를 쓴다.

동사	wir에 대한 명령
gehen	Gehen wir jetzt!(지금 우리 갑시다!)
essen	Essen wir doch mal jetzt! (우리 지금 먹읍시다!)
wollen	Wollen wir gehen!(우리 갑시다!)
lassen	Lass uns gehen!(우리 갑시다! 상대방이 한 사람일 경우) Lasst uns gehen!(우리 갑시다! 상대방이 두 사람 이상일 경우)

※ 명령문을 강조할 경우 doch, mal, nur, doch mal, ja, bitte, einmal을 쓴다.

【Übungen】

1. 다음 동사의 알맞은 명령형을 쓰시오.

(1)

동사	du에 대한 명령	ihr에 대한 명령	Sie에 대한 명령
hören			
warten			
handeln			
mitbringen			
sich setzen			

(2)

동사	du에 대한 명령	ihr에 대한 명령	Sie에 대한 명령
fahren			
halten			
lassen			
laufen			
essen			
sprechen			
geben			
lesen			
nehmen			

(3)

동사	du에 대한 명령	ihr에 대한 명령	Sie에 대한 명령
sein			
haben			
werden			

2. 다음 (　　　) 안에 알맞은 명령형을 쓰시오.

(1) Erika, (　　　) heute abend! (kommen)
(2) Inge, (　　　) eine Flasche Bier! (nehmen)
(3) Hans und Mari, (　　　) zwei Fahrkarten! (kaufen)
(4) Frau Kim, (　　　) (　　　) mit dem Auto! (fahren)
(5) Hans, (　　　) diesen Baum! (sehen)
(6) Mari, (　　　) bei rotem Licht! (halten)
(7) Der Professor sagt seinem Student.
(　　　) ruhig! (sein)
(8) Inge, (　　　) deiner Mutter einen Apfel! (geben)
(9) (　　　) deinen Eltern! (helfen)
(10) (　　　) Sie bitte dort! (warten)
(11) Hans, (　　　) mir dann eine Dose Bier! (bringen)
(12) (　　　) euch! (setzen)

3. 주어진 동사를 wir에 대한 명령형으로 쓰시오.

(1) (　　　) (　　　) jetzt! (gehen)
(2) (　　　) (　　　) essen! (lassen)
(3) (　　　) (　　　) gehen! (wollen)

9. 의문사(Das Fragewort)

의문 대명사는 사람의 성명, 사물의 명칭, 상태의 종류 등을 물어볼 때 사용되고 wer, was, welch, was für ein이 있다. 의문 부사는 출신, 장소, 상태, 기간, 빈도수, 이유 등을 나타낸다.

1) 의문 대명사(Das Fragepronomen)

(1) wer

사람에게 쓰이며 다음과 같이 격에 따라 변화한다.

1격(N.)	wer(누구)
2격(G.)	wessen(누구의)
3격(D.)	wem(누구에게)
4격(A.)	wen(누구를)

Wer ist das?(그 사람은 누구입니까?)

Wessen Buch ist das?(그것은 누구의 책입니까?)

Wem gehört das Heft?(그 공책은 누구의 것입니까?)

Wen besuchen Sie?(당신은 누구를 방문합니까?)

(2) was

사물과 사람의 직업이나 신분을 물어볼 때 쓴다.

1격(N.)	was(무엇)
2격(G.)	wessen(무엇의)
3격(D.)	-
4격(A.)	was(무엇을)

Was ist das?(그것은 무엇입니까?)

Was ist sie?(그녀는 직업이 무엇입니까?)

Wessen bedürfen Sie?(당신은 무엇을 필요로 합니까?)

Was habt ihr?(너희들은 무엇을 갖고 있니?)

※ bedürfen은 2격 지배 동사이기 때문에 wessen이 옴.

(3) welch

사람이나 사물 중 특정한 것을 물어볼 때 쓰이며 정관사 어미변화를 한다.

격	남성(m.)	여성(f.)	중성(n.)	복수(pl.)
1격(N.)	welcher	welche	welches	welche
2격(G.)	welches	welcher	welches	welcher
3격(D.)	welchem	welcher	welchem	welchen
4격(A.)	welchen	welche	welches	welche

Welches Buch gehört ihm?(어떤 책이 그의 것입니까?)

⇒ Das rote Buch gehört ihm.(빨간 책이 그의 것입니다.)

Welche Zeitschrift lesen Sie?(당신은 어떤 잡지를 읽습니까?)

⇒ Ich lese die Berliner Zeitschrift.(나는 베를린 잡지를 읽습니다.)

Ich habe drei Bananen.(나는 세 개의 바나나를 갖고 있다.)

⇒ Welche(주어로 쓰임, 뒤에 Banane가 생략됨) gefällt dir?

(어떤 바나나가 네 마음에 드니?)

(4) was für ein

사람이나 사물의 성질 또는 종류를 묻고 명사 앞에서 쓰이는 부가어적 용법과 명사적 용법이 있다.

부가어적 용법으로 쓰일 경우 was für는 변하지 않고 ein만 부정관사 변화를 한다.

격	남성(m.)	여성(f.)	중성(n.)	복수(pl.)
1격(N.)	was für ein	was für eine	was für ein	was für
2격(G.)	was für eines	was für einer	was für eines	was für
3격(D.)	was für einem	was für einer	was für einem	was für
4격(A.)	was für einen	was für eine	was für ein	was für

Was für ein Mann ist er?(그는 어떤 남자인가?)

⇒ Er ist fauler Mann.(그는 게으른 남자이다.)

Was für ein Buch liest du?(너는 어떤 종류의 책을 읽니?)

⇒ Ich lese deutsches Buch.(나는 독일어 책을 읽어.)

Was für Kleider kaufst du?(너는 어떤 종류의 옷을 사니?)

⇒ Ich kaufe modische Kleider.(나는 유행하는 옷을 산다.)

명사적 용법으로 쓰일 경우, was für는 변하지 않고 ein은 정관사 어미변화를 한다. 복수명사, 물질명사와 추상명사가 오면 welch를 쓰고 welch는 정관사 어미변화를 한다.

격	남성(m.)	여성(f.)	중성(n.)	복수(pl.)
1격(N.)	was für einer	was für eine	was für ein(e)s	was für welche
2격(G.)	was für eines	was für einer	was für eines	was für welcher
3격(D.)	was für einem	was für einer	was für einem	was für welchen
4격(A.)	was für einen	was für eine	was für ein(e)s	was für welche

Auf dem Tisch liegt eine Blume.(책상 위에 꽃이 있다.)

⇒ Was für eine magst du?(너는 어떤 종류의 꽃을 좋아하니?)

Auf dem Tisch liegen allerlei Blumen.(책상 위에 형형색색의 꽃들이 있다.)

⇒ Was für welche gefallen dir?(어떤 종류의 꽃들이 네 마음에 드니?)

Sie trinkt roten Wein.(그녀는 적포도주를 마신다.)

⇒ Was für welchen trinkt sie?(그녀는 어떤 종류의 포도주를 마시니?)

2) 의문 부사

wann(언제), warum(왜), wo(어디에), woher(어디에서부터), wie(어떻게), wohin(어디로), wie lange(얼마동안), wie oft(얼마나 자주), wie alt(몇 살)

Wann kommt der Lehrer?(선생님은 언제 오십니까?)

Warum ist sie nicht gekommen?(왜 그녀는 오지 않았습니까?)

Wo wohnen Sie?(당신은 어디에 사십니까?)

Woher kommen Sie?(당신은 어디 출신입니까?)

Wie ist die Uhr?(시계가 어떻습니까?)

Wohin fahren Sie am Montag?(당신은 월요일에 어디로 갑니까?)

Wie lange bleiben Sie hier?(당신은 여기서 얼마동안 머무르실 겁니까?)

Wie oft fahren die Busse?(버스가 얼마나 자주 옵니까?)

Wie alt sind Sie?(당신은 몇 살입니까?)

【Übungen】

1. wer의 알맞은 형태를 쓰시오.

1격(N.)	wer
2격(G.)	
3격(D.)	
4격(A.)	

2. was의 알맞은 형태를 쓰시오.

1격(N.)	was
2격(G.)	
3격(D.)	
4격(A.)	

3. welch의 알맞은 형태를 쓰시오.

격	남성(m.)	여성(f.)	중성(n.)	복수(pl.)
1격(N.)				
2격(G.)				
3격(D.)				
4격(A.)				

4. 부가어적으로 쓰이는 was für ein의 알맞은 형태를 쓰시오.

격	남성(m.)	여성(f.)	중성(n.)	복수(pl.)
1격(N.)				
2격(G.)				
3격(D.)				
4격(A.)				

5. 명사적으로 쓰이는 was für ein의 알맞은 형태를 쓰시오.

격	남성(m.)	여성(f.)	중성(n.)	복수(pl.)
1격(N.)				
2격(G.)				
3격(D.)				
4격(A.)				

6. 다음 (　　) 안에 알맞은 의문사를 쓰시오.

(1) (　　) ist die Lehrerin?
(2) (　　) gehört das Heft?
(3) (　　) hat der Lehrer?
(4) (　　) Buch gehört ihm?
(5) (　　) Zeitung lesen Sie?
(6) (　) (　) (　) Student ist er?
(7) In (　　), (　　), (　　) Haus wohnen Sie?
(8) (　　) ist das? ⇒ Das ist eine Tafel.
(9) Auf dem Tisch liegen die Blumen. ⇒ (　) (　) (　) magst du?
(10) Sie trinkt roten Wein. ⇒ (　) (　) (　) trinkt sie?

7. 다음 (　　　) 안에 알맞은 의문 부사를 쓰시오.

(1) (　　　) kommt der Lehrer?

(2) (　　　) ist sie nicht gekommen?

(3) (　　　) wohnen Sie?

(4) (　　) (　　) bleiben Sie hier?

(5) (　　) (　　) fahren die Busse?

(6) (　　) (　　) sind Sie?

10. 수사(Das Zahlwort)

1) 기수

0~12까지 암기하면 기수를 외우기 쉽다. 13~19는 3~9 숫자에 zehn을 붙이면 된다. 또한 22는 2+20으로 zweiundzwanzig로 쓰면 된다. 여기서 und는 +의 의미를 갖는다. 21은 틀리기 쉬운 숫자로 1은 다른 숫자와 결합할 경우 eins에서 s를 생략한다. 20과 30은 잘 외워두고 40~90까지의 숫자는 4~9의 숫자에 zig를 붙이면 된다. 16, 17, 60, 70 숫자는 틀리기 쉬우므로 잘 외워둔다.

0 null			
1 eins	11 elf	21 einundzwanzig	20 zwanzig
2 zwei	12 zwölf	22 zweiundzwanzig	30 dreißig
3 drei	13 dreizehn	23 dreiundzwanzig	40 vierzig
4 vier	14 vierzehn	24 vierundzwanzig	50 fünfzig
5 fünf	15 fünfzehn	25 fünfundzwanzig	60 sechzig
6 sechs	16 sechzehn	26 sechsundzwanzig	70 siebzig
7 sieben	17 siebzehn	27 siebenundzwanzig	80 achtzig
8 acht	18 achtzehn	28 achtundzwanzig	90 neunzig
9 neun	19 neunzehn	29 neunundzwanzig	100 hundert
10 zehn	20 zwanzig	30 dreißig	
101 hunderteins	1987 neunzehnhundertsiebenundachtzig		
1000 tausend	2019 zweitausendneunzehn		

2) 서수

서수는 순서를 표현할 때 쓰이며 1~19까지는 기수+t이고 20 이상은 기수+st로 쓴다. 서수 가운데 1, 3, 8 서수는 불규칙하므로 잘 외워두고 서수 앞에 정관사가 오면 서수는 형용사 약변화를 한다.

1 erst	11 elft	21 einundzwanzigst
2 zweit	12 zwölft	30 dreißigst
3 dritt	13 dreizehnt	100 hundertst
4 viert	14 vierzehnt	101 hunderterst
5 fünft	15 fünfzehnt	
6 sechst	16 sechzehnt	
7 sieb(en)t	17 siebzehnt	
8 acht	18 achtzehnt	
9 neunt	19 neunzehnt	
10 zehnt	20 zwanzigst	

Dann gehen Sie gegenüber die dritte Straße.
(그 다음에 당신은 세 번째 도로 맞은편으로 가세요.)
Ich wohne im (in dem) achten Stock.
(나는 8층에서 삽니다: 우리나라를 기준으로 9층에 해당함)

Der wievielte ist heute?(오늘은 며칠입니까?)
Den wievielten haben wir heute?(오늘은 며칠입니까?)
⇒ Heute ist der 12. (zwölfte) März 2019.(오늘은 2019년 3월 12일입니다.)
⇒ Heute haben wir den 12. (zwölften) März 2019.
(오늘은 2019년 3월 12일입니다.)

3) 계산법(사칙연산)

사칙연산은 다음과 같이 표현하고 항상 단수 취급하여 동사 ist로 써야 한다.

(1) +: und, plus

3 + 4 = 7	drei und vier ist sieben
4 + 16 = 20	vier plus sechzehn ist zwanzig

(2) -: weniger, minus

5 - 3 = 2	fünf weniger drei ist zwei
10 - 4 = 6	zehn minus vier ist sechs

(3) ×: mal

5 × 3 = 15	fünf mal drei ist fünfzehn
3 × 2 = 6	drei mal zwei ist sechs

※ Zweimal Eis bitte!(아이스크림 두 개 주세요!)

(4) ÷: durch, geteilt

8 ÷ 4 = 2	acht durch vier ist zwei
10 ÷ 5 = 2	zehn geteilt fünf ist zwei

4) 화폐 읽기

독일의 화폐단위는 Euro와 Cent로 표현한다. 1 Euro는 100 Cent이다.

1.- €	ein Euro	1.20 €	ein Euro zwanzig
0.30 €	dreißig Cent	1.40 €	ein Euro vierzig
2.- €	zwei Euro	0.80 €	achtzig Cent

※ 1.- €에서 Euro가 남성명사이므로 하나를 표현하기 위해서 부정관사 ein으로 써야 한다(eins가 아님에 유의). 또한 0.80 €에서 Euro의 단위가 없기 때문에 반드시 Cent를 써야 한다.

5) 시간

시간은 전치사 nach(~이 지나서)와 vor(~전)을 사용해서 표현한다. 주의할 점은 2시 30분은 halb를 사용할 수 있는데 이 때 시간에 + 1을 해서 halb drei로 표현한다.

Wieviel Uhr ist es jetzt?(지금 몇 시입니까?)
Wie spät ist es jetzt?(지금 몇 시입니까?)
7시: (Es ist) sieben Uhr.
7시 10분: (Es ist) zehn nach sieben.
7시 15분: (Es ist) fünfzehn nach sieben. Viertel nach sieben.
7시 20분: (Es ist) zwanzig nach sieben. zehn vor halb acht.
7시 30분: (Es ist) dreißig nach sieben. halb acht.
7시 45분: (Es ist) fünfzehn vor acht. Viertel vor acht.
fünfundvierzig nach sieben
7시 50분: (Es ist) zehn vor acht. fünfzig nach sieben.

※ Viertel은 $\frac{1}{4}$이므로 한 시간의 $\frac{1}{4}$, 즉 15분을 의미하고 halb는 $\frac{1}{2}$을 의미하므로 30분임.

쉽게 배우는

6) 수량의 단위

수량을 표현할 때 셀 수 없는 물질명사의 복수표현은 단위에 표현한다. 예를 들어서 ein Glas Bier(맥주 한 잔)에서 ein은 Glas의 성, 중성을 의미하고 하나를 표현하기 위해서 부정관사를 사용한다. 복수 표현은 zwei Gläser Bier로 쓴다.

ein Glas Bier / zwei Gläser Bier(맥주 한 잔 / 맥주 두 잔)
eine Flasche Bier / zwei Flaschen Bier(맥주 한 병 / 맥주 두 병)
eine Dose Bier / zwei Dosen Bier(맥주 한 캔 / 맥주 두 캔)
eine Tasse Kaffee / zwei Tassen Kaffee(커피 한 잔 / 커피 두 잔)
eine Kugel Eis / zwei Kugeln Eis(아이스크림 한 덩어리 / 아이스크림 두 덩어리)
eine Portion Fleisch / zwei Portionen Fleisch (고기 한 덩어리 / 고기 두 덩어리)
ein Teller Salat / zwei Teller Salat(샐러드 한 접시 / 샐러드 두 접시)
ein Stück Kuchen / zwei Stücke Kuchen(과자 한 조각 / 과자 두 조각)

※ Teller 단위는 단수와 복수가 같다.

Wie viel Bier trinken Sie? — Ich trinke zwei Gläser Bier.

Wie viele Kartoffeln isst er? — Er isst eine Kartoffel.(감자 한 알)
vier Kartoffeln.(감자 네 알들)
einen Teller Kartoffeln.
(감자들 한 접시)
zwei Teller Kartoffeln.
(감자들 두 접시)
viele Kartoffeln.(많은 감자들)

※ wie viel(영어의 how much) 뒤에는 셀 수 없는 명사, wie viele(영어의 how many) 뒤에는 셀 수 있는 명사가 온다.

7) 소수 표현법

하나 씩 각각 읽는다.

3.45: drei Komma vier fünf
0.03: null Komma null drei

8) 나이를 묻는 표현법

Wie alt sind Sie?(당신은 몇 살입니까?)
⇒ Ich bin dreißig Jahre alt.(I am thirty years old.)

9) 분수 표현법

분자는 기수로, (분자가 1일 경우 eins가 아니라 ein으로 표현) 분모는 서수+el을 붙여서 쓴다.

½: halb, ein halb, ein Zweitel
⅓: ein Drittel
¼: ein Viertel
⅖: zwei Fünftel
⅙: ein Sechstel

【Übungen】

1. 다음 숫자를 독일어로 읽고 쓰시오.

(1) 16 ________ (2) 17 ________
(3) 60 ________ (4) 70 ________
(5) 20 ________ (6) 30 ________
(7) 101 ________ (8) 2019 ________

2. 다음 수식을 독일어로 쓰시오.

(1) 5 + 6 = 11 ____________________
(2) 12 − 7 = 5 ____________________
(3) 3 × 7 = 21 ____________________
(4) 60 ÷ 4 = 15 ____________________

3. 다음 화폐 단위를 독일어로 쓰시오.

(1) 1,- € ____________ (2) 0.40 € ____________
(3) 1,20 € ____________ (4) 2,- € ____________
(5) 3,65 € ____________ (6) 9,70 € ____________
(7) 2,60 € ____________ (8) 1,70 € ____________

4. 다음 시간을 독일어로 읽고 쓰시오.

(1) 2시 ____________ (2) 2시 10분 ____________
(3) 2시 15분 ____________ (4) 2시 30분 ____________
(5) 2시 45분 ____________ (6) 2시 50분 ____________
(7) 3시 30분 ____________ (8) 4시 15분 ____________

5. 다음 숫자를 서수로 읽고 쓰시오.

(1) 1 ________ (2) 3 ________
(3) 20 ________ (4) 16 ________
(5) 17 ________ (6) 60 ________
(7) 2 ________ (8) 70 ________

6. 다음 (   ) 안에 알맞은 수량의 단위를 쓰시오.

(1) Bringen Sie mir bitte eine (   ) Bier.
(2) Ich trinke eine (   ) Kaffee.
(3) Sie bestellt zwei (   ) Salat.
(4) Ich trinke ein (   ) Wein.
(5) Ich möchte ein (   ) Kuchen und eine (   ) Eis.
(6) Ich kaufe eine (   ) Fleisch.
(7) Er trinkt zwei (   ) Bier.
(8) Ich esse drei (   ) Kartoffeln.

7. 다음 소수를 독일어로 쓰시오.

(1) 0.02 ____________ (2) 3.45 ____________

(3) 6.03 ____________ (4) 2.45 ____________

8. 다음은 날짜를 묻는 표현법이다. (　　　) 안을 알맞게 채우시오.

(1) (　　　) wievielte ist heute?

(2) (　　　) wievielten haben wir heute?

⇒ Heute (　　　) der 11. (elfte) März 2019.

⇒ Heute (　　　) wir den 11. (elften) März 2019.

9. 다음은 나이를 묻는 표현법이다. (　　　) 안에 알맞은 의문 부사를 쓰시오.

(　　　) (　　　) sind Sie? ⇒ Ich bin zwanzig Jahre alt.

10. 다음 분수를 독일어로 쓰시오.

(1) ½ ____________ (2) ⅓ ____________

(3) ¼ ____________ (4) ⅖ ____________

11. 전치사(Die Präposition)

독일어의 전치사는 동사와 마찬가지로 격을 지배 받는다. 전치사의 종류는 2격 지배 전치사, 3격 지배 전치사, 4격 지배 전치사와 3·4격 지배 전치사가 있다.

1) 2격 지배 전치사

statt: ~대신에	während: ~하는 동안에	trotz: ~임에도 불구하고
wegen: ~ 때문에	um~willen: ~을 위하여	außerhalb: ~밖에
innerhalb: ~안에	oberhalb: ~위에	unterhalb: ~아래에
diesseits: 이쪽에	jenseits: 저쪽에	

Trotz des Regens gehe ich zur Schule.(비가 옴에도 불구하고 나는 학교에 간다.)

Während des Sommers regnet es.(여름 내내 비가 온다.)

Statt der Mutter kommt die Tochter.(어머니 대신에 딸이 온다.)

Wegen der Erkältung bleibt er zu Hause.(감기 때문에 그는 집에 머무른다.)

Sie kämpfen um des Friedens willen.(그들은 평화를 위해서 싸운다.)

Außerhalb der Stadt sind viele Bäume.(시외에 많은 나무들이 있다.)

Jenseits des Flusses steht ein Baum.(강 저쪽에 한 그루의 나무가 있다.)

쉽게 배우는

2) 3격 지배 전치사

aus, bei, nach, von, gegenüber, seit, zu, mit, außer

(1) aus

aus+지명, 국명: 출신
aus+재료: ~로 된
aus+장소: ~안에서 밖으로

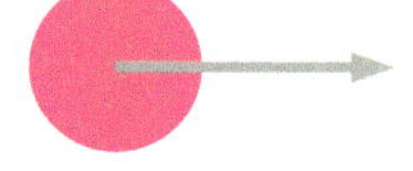

Ich komme aus Korea.(나는 한국 출신입니다.)

Der Ring ist aus Gold.(반지가 금으로 되어 있다.)

Er kommt aus dem Klassenzimmer.(그는 교실에서 나갑니다.)

(2) bei

bei+장소: ~근처에
bei+사람: ~집에
bei+동사에서 파생된 명사: ~할 때
bei+직장명 :~에서
bei+all: ~임에도 불구하고

Mein Freund ist bei der Bank.(나의 친구는 은행 근처에 있다.)

Ich arbeite bei der Kommerzbank in Berlin.
(나는 베를린에 있는 상업은행에서 일한다.)

Ich wohne bei meinem Onkel.(나는 나의 아저씨 집에서 산다.)

Beim Essen kommt meine Mutter.(식사 때 나의 어머니가 오신다.)

Bei all ihrer Weisheit versteht sie das Wort nicht.
(그녀는 현명함에도 불구하고 그 단어를 이해하지 못한다.)

※ 동사에서 파생된 명사, Essen은 중성이다. 이와 같이 동사가 그대로 명사화된 경우, 성은 중성이다.

(3) nach

nach+지명, 국명: ~를 향해서
nach+시간: ~지나서
nach+명사: ~한 후에

Ich fahre nach Deutschland.(나는 독일에 간다.)

Nach dem Unterricht geht er nach Hause.(그는 수업 후에 집으로 간다.)

Es ist zwanzig nach vier.(4시 20분)

※ Meiner Meinung nach ist er richtig.(내 의견에 따르면 그가 옳다.)

(4) von

von+장소, 지명: ~에서부터
von+3격: 2격 대용, ~의
von+복수명사: ~중에서

Sie geht vom Bahnhof nach Hause.(그녀는 역에서 집으로 간다.)

Der Zug fährt von Frankfurt nach Berlin.
(기차가 프랑크푸르트에서 베를린을 향해서 간다.)

Seoul ist die Hauptstadt von Korea.(서울은 한국의 수도다.)

Heine ist einer von berühmten Dichtern.(하이네는 유명한 시인들 중의 한 사람이다.)

(5) zu

zu+사람, 건물: ~을 향해서
zu+명사: ~하러

Ich gehe zum Arzt.(나는 의사 선생님에게 간다.)

Wie komme ich zum Bahnhof?(제가 어떻게 역으로 가야 합니까?)

Sie kommt zum Mittagessen.(그녀는 점심 식사하러 온다.)

※ zu Fuß gehen: 걸어가다. Ich gehe zu Fuß.
※ nach+지명, 국명/ zu+사람, 건물: ~을 향해서

(6) mit

mit+사람: ~와 함께　　　mit+도구 명사: ~을 가지고
mit+교통수단: ~을 타고　　　mit+명사: ~이 있는

Ich gehe mit meiner Mutter.(나는 나의 어머니와 함께 간다.)
Ich schreibe mit dem Kuli.(나는 볼펜을 가지고 쓴다.)
Ich fahre mit der U-Bahn.(나는 지하철을 타고 간다.)
Er nimmt ein Zimmer mit Bad.(그는 욕실이 있는 방을 갖고 있다.)

(7) außer

außer+장소: ~밖에　　　außer+명사, 인칭대명사: ~을 제외하고

Er ist außer dem Garten.(그는 정원 밖에 있다.)
Außer dir sind alle Studenten fleißig.
(너를 제외하고 모든 대학생들이 부지런하다.)

3) 4격 지배 전치사

für, um, gegen, ohne, durch, entlang, bis, wider

(1) für

für+사람: ~을 위해서　　　für+명사: ~에 비해　　　für+Plan: 계획에 찬성

Ich lese den Brief für meinen Großvater.
(나는 나의 할아버지를 위해서 편지를 읽는다.)
Du bist alt für dein Alter.(너는 나이에 비해 늙었다.)
Ich bin für den Plan.(나는 그 계획에 찬성한다.)

※ danken 3격(A, 사람) für 4격(B, 행위): A에게 B에 대해서 감사히 여기다.

Ich danke Ihnen für den Besuch.

(나는 당신이 방문해주신 것에 대해서 감사히 여깁니다.)

(2) um

um+장소: ~주변에, ~둘레에
um+시간: 정각

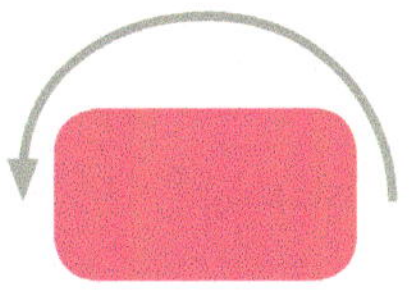

Die Erde dreht sich um die Sonne.(지구가 태양 주변을 돕니다.)

Es ist um neun Uhr.(정각 9시)

(3) gegen

gegen+시간: 대략
gegen+Plan: 계획에 반대

Gegen acht Uhr gehe ich zur Uni..(대략 8시경에 나는 대학에 간다.)

Ich bin gegen den Plan.(나는 그 계획에 반대한다.)

(4) ohne

ohne+명사: ~없이
ohne+Frage: 틀림없이

Ohne dich gehe ich nicht nach Hause.(너 없이 나는 집으로 가지 않는다.)

Ohne Frage ist er Dieb.(틀림없이 그는 도둑이다.)

(5) durch

durch+장소: ~을 통과해서
durch+명사: ~을 통해서(수단)
durch+명사: ~으로 인해서(원인)
durch+시간: ~내내

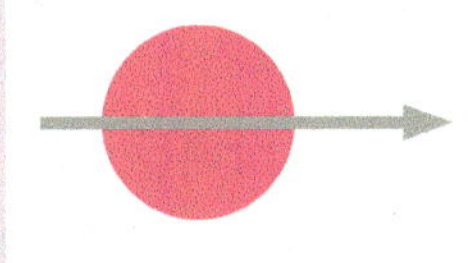

Wir spazieren durch den Garten.(우리들은 정원을 거닐며 산책한다.)
Ich schicke das Geschenk durch die Post.
(나는 우체국을 통해서 선물을 보낸다.)
Die Stadt wird durch das Erdbeben zerstört.(도시가 지진으로 파괴되었다.)
Sie trinkt Bier durch die ganze Nacht.(그녀는 밤새도록 맥주를 마신다.)

(6) entlang

entlang은 다른 전치사와는 달리 명사 뒤에 위치하는 후치사다.

명사+entlang: ~을 따라서

Den Fluss entlang stehen die große Bäume.(강을 따라서 큰 나무들이 있다.)

(7) bis

bis+지명, 시간: ~까지

Der Zug fährt bis nur Berlin.(기차가 베를린까지만 간다.)
Ich arbeite bis 6 Uhr.(나는 6시까지 일한다.)

(8) wider

wider+명사: ~을 거슬러서

Ich schwimme wider den Strom.(나는 강을 거슬러 수영한다.)

4) 3·4격 지배 전치사

3격과 4격을 모두 쓸 수 있는 전치사는 주로 장소를 나타내며 다음과 같이 구분한다. 즉 정지 상태를 의미하면 3격, 장소의 이동과 움직임을 의미하면 4격 지배 전치사를 쓴다. 또한 동사로 구분할 수도 있다. liegen, stehen, sitzen, sein은 3격, legen, stellen, setzen, gehen은 4격 지배 전치사를 쓴다.

an, auf, hinter, neben, in, über, unter, vor, zwischen

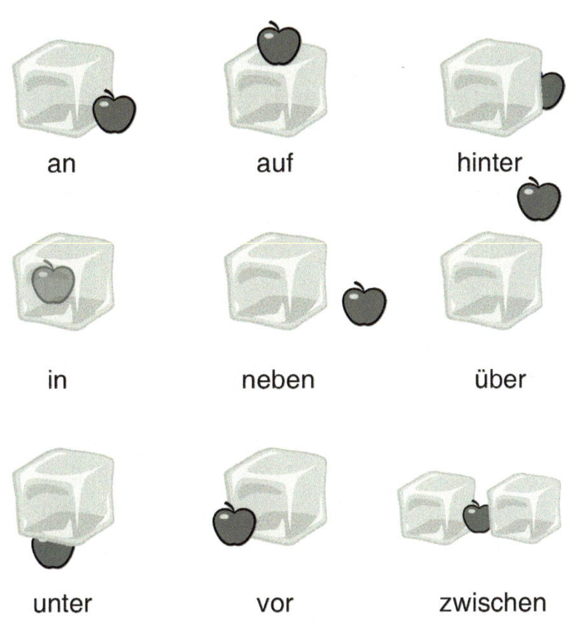

3·4격 지배 전치사	3격(Wo?)	4격(Wohin?)
an ~가에, 둘레에	Ich stehe an der Tür. (나는 문가에 서 있다.)	Ich gehe an die Tür. (나는 문가로 간다.)
auf 접촉해서 ~위에	Die Vase steht auf dem Tisch. (꽃병이 책상 위에 있다.)	Ich stelle die Vase auf den Tisch. (나는 꽃병을 책상 위에 둔다.)
hinter ~뒤에	Der Garten ist hinter dem Haus.(정원은 집 뒤에 있다.)	Ich gehe hinter das Haus. (나는 집 뒤로 간다.)
neben ~옆에	Die Garage ist neben dem Haus.(차고는 집 옆에 있다.)	Ich fahre mein Auto neben das Haus.(나는 나의 자동차를 집 옆으로 몰고 간다.)
in ~안에, ~를 향해서	Das Kind spielt in dem Zimmer. (아이가 방 안에서 놀고 있다.)	Das Kind geht in das Zimmer. (아이가 방으로 들어간다.)

übe ~위에, 접촉이 아님	Das Bild hängt über dem Tisch. (그림이 책상 위에 걸려 있다.)	Ich hänge das Bild über den Tisch. (나는 그림을 책상 위에 건다.)
unter ~아래에, ~밑에	Ich stehe unter der Treppe. (나는 계단 아래에 서 있다.)	Ich gehe unter die Treppe. (나는 계단 아래로 간다.)
vor ~앞에	Sie sitzt vor dem Spiegel. (그녀는 거울 앞에 앉아 있다.)	Sie setzt sich vor den Spiegel. (그녀는 거울 앞에 앉는다.)
zwischen ~사이에	Das Buch liegt zwischen den Tischen. (책이 책상들 사이에 있다.)	Ich lege das Buch zwischen die Tische.(나는 책을 책상들 사이에 놓는다.)

5) 정관사와 전치사의 축소형

an dem - am	an das - ans	auf das - aufs
in dem - im	in das - ins	von dem - vom
zu dem - zum	zu der - zur	über das - übers

6) 때를 나타내는 전치사

때를 나타내는 전치사는 3격 지배를 받으며 an, in이 있다.

an	요일: Sie kommt am Montag.(그녀는 월요일에 온다.) 때: Ich arbeite nicht am Mittag.(나는 정오에 일하지 않는다.) 날짜: Du kamst am 6. April in Berlin.(너는 베를린에 4월 6일에 왔다.) 축제: Zu Weihnachten fahre ich in die Schweiz. (나는 크리스마스에 스위스로 간다.)
in	년: in 2019(2019년에) 월: Im April macht sie eine Reise.(그녀는 4월에 여행한다.) 주: In einer Woche beginnen die Ferien. (방학은 일주일이 지나면 시작된다.) 계절: Im Sommer regnet es immer.(여름에는 항상 비가 온다.) 때: Ich arbeite nur in der Nacht.(나는 밤에만 일한다.)

【Übungen】

1. 다음 (　　　) 안에 알맞은 2격 지배 전치사를 쓰시오.

(1) (　　　) des Regens gehe ich zur Schule.
(2) (　　　) des Sommers regnet es.
(3) (　　　) der Mutter kommt die Tochter.
(4) (　　　) der Erkältung bleibt er zu Hause.
(5) Sie kämpfen (　　) des Friedens (　　).

2. 다음 전치사들 중, 선택하여 (　　　) 안에 알맞게 쓰시오. (중복 가능)

aus, bei, mit, nach, seit, von, zu, außer, für, um, gegen, ohne, durch, entlang, bis, wider, an, in, zu

(1) Meine Schule ist (　　　) dem Bahnhof.
(2) Ich wohne (　　　) meinem Onkel.
(3) (　　　) dem Unterricht geht er nach Hause.
(4) Der Zug fährt (　　　) Berlin nach Dresden.
(5) Wie komme ich (　　　) der Universität?
(6) Der Ring ist (　　　) Gold.
(7) (　　　) einem Monat bin ich in Berlin.
(8) Fahren Sie (　　　) dem Bus oder (　　　) der U-Bahn?
(9) Sie kommt (　　　) dem Zimmer.

(10) Er arbeitet (   ) der Kommerzbank in Berlin.

(11) Ich schwimme (   ) den Strom.

(12) Er liest das Buch (   ) dich.

(13) Ich danke Ihnen (   ) Ihre Hilfe.

(14) Die Erde dreht sich (   ) die Sonne.

(15) Ich treffe meinen Freund (   ) 6 Uhr.

(16) Ich bin (   ) den Plan.

(17) Ich trinke Kaffee (   ) Zucker.

(18) Ich mache einen Spaziergang (   ) den Garten.

(19) Ich fahre nur (   ) München.

(20) Den Fluss (   ) stehen die Bäume.

(21) Er kommt (   ) Abend.

(22) (   ) Weihnachten fahre ich (   ) Berlin.

(23) Sie kommt (   ) dem Montag.

(24) (   ) dem Sommer regnet es immer.

(25) Ich komme (   ) dem 5. April (   ) 2019 in Seoul zurück.

3. 다음 (   ) 안에 알맞은 정관사를 넣으시오.

(1) Ich stehe an (   ) Tür.

(2) Das Kind spielt in (   ) Zimmer.

(3) Sie geht an (   ) Fenster.

(4) Das Buch liegt auf (   ) Tisch.

(5) Die Frau sitzt vor (   ) Spiegel.

(6) Ich gehe in (   ) Zimmer.

(7) Ich lege das Buch auf (   ) Tisch.

(8) Das Foto hängt über (   ) Tisch.

(9) Ich stelle die Vase auf (   ) Tisch.

(10) Ich hänge das Foto über (   ) Tisch.

(11) Die Frau setzt sich vor (　　) Spiegel.

(12) Ich gehe hinter (　　) Haus.

(13) Die Garage ist neben (　　) Haus.

(14) Ich gehe unter (　　) Treppe.

(15) Ich lege das Buch zwischen (　　) Tische.

12. 부사(Das Adverb)

부사는 동사, 형용사, 명사를 수식하며, 장소, 시간, 방법, 원인과 의문을 나타내는 부사들이 있다.

1) 부사의 종류

시간	jetzt(지금),	erst(맨 먼저)	nachher(나중에)	zuerst(우선)
	dann(그 다음에)	bald(곧, 즉시)	immer(항상)	schon(이미, 벌써)
	heute(오늘)	morgen(내일)	da(그때)	täglich(매일)
	gestern(어제)	oft(자주)	lange(오랫동안)	früher(이전에)
	damals(그 당시에)	später(나중에)		
장소	hier(여기서)	dort(거기서)	da(거기에)	oben(위에)
	hinten(뒤에)	draußen(밖에)	drinnen(안에)	unten(아래에)
	überall(도처에)	dahin(거기로)	dorthin(저기로)	daher(거기서부터)
	hinaus(밖으로)	innen(안에)	rechts(오른쪽에)	links(왼쪽에)
방법	so(그렇게)	gern(기꺼이)	sehr(매우)	gar(전혀, 결코)
	allzu(몹시)	gänzlich(전혀)	geradeaus(똑바로)	gewiss(확실히)
	gleichfalls(마찬가지로)	fast(거의)		freilich(물론)
	leicht(쉽게)	überhaupt(도대체)		wirklich(실제로)
	vielleicht(아마도, 혹시)	keineswegs(결코~이 아니다)		nur(단지, 다만)
원인	darum/deswegen/deshalb/daher(그 때문에)		daraus(그 이유로)	
	dadurch(그로 인하여)	dazu(그것을 위해)	damit(~하기 위해서)	
	folglich(그 결과로)	jedenfalls(어쨌든)	demnach(그것에 따라서)	
의문	wo(어디에)	woher(어디에서부터)	wohin(어디로)	wann(언제)
	warum(왜)	wie lange(얼마동안)	wie(어떻게)	wieviel(얼마나)
	womit(무엇으로)		wozu/weshalb(무엇 때문에)	
	wodurch(무엇으로)			

Er liest dann die Zeitung.(그 다음에 그는 신문을 읽는다.)

Sie hat bald eine Prüfung.(그녀는 곧 시험이다.)

Nachher geht er in die Jugendherberge.(나중에 그는 청소년 숙박업소로 간다.)

Meine Tasche ist nicht hier.(나의 가방이 여기에 없다.)

Gehen Sie rechts!(오른쪽으로 가세요!)

In Berlin gefällt es mir sehr gut.(베를린이 내 마음에 아주 듭니다.)

Sie ist gewiss klug.(그녀는 확실히 영리하다.)

Wie lange bleiben Sie hier?(당신은 얼마동안 머무르실 겁니까?)

Woher kommen Sie?(당신은 어디 출신입니까?)

Wohin gehen Sie?(당신은 어디로 갑니까?)

2) 부사적 2격과 4격

(1) 부사적 2격

과거의 불확실한 시간을 나타내는 경우, 정관사나 부정관사를 사용하여 2격 부사구를 쓴다.

eines Tages(어느 날)	eines Abends(어느 저녁에)
des Tages(낮에)	des Mittags(점심에)

Eines Tages traf ich meinen alten Lehrer.(어느 날 나는 나의 옛 선생님을 만났다.)

Die Vorlesung beginnt des Vormittags.(강의가 오전에 시작한다.)

(2) 부사적 4격

어떤 시점이나 계속을 나타내는 경우 4격 부사구를 쓴다.

den ganzen Tag(하루 종일)	jeden Morgen(매일 아침에)
einen Augenblick(잠깐 동안)	diese Woche(이번 주에)

Du arbeitest den ganzen Tag.(너는 하루 종일 일한다.)
Jeden Morgen mache ich einen Spaziergang.(나는 매일 아침 산책한다.)

※ Jeden Morgen mache ich einen Spaziergang.에서 주어 ich 대신에 jeden Morgen이 앞에 위치했기 때문에 어순은 동사+주어, 즉 mache ich로 도치된다. 이와 같이 주어 이외의 구나 명사가 앞에 올 경우 도치된다.

3) 부사의 위치

(1) 목적어가 명사일 경우

부사는 명사 앞에 위치하고 목적어가 대명사일 경우 부사는 대명사 뒤에 위치한다.

Ich besuche jetzt meine Freundin.(나는 지금 나의 친구를 방문한다.)
Ich besuche dich jetzt.(나는 지금 너를 방문한다.)

(2) 여러 개의 부사가 올 경우

〔시간 ⇒ 장소 ⇒ 방법 ⇒ 원인 ⇒ 목적〕의 순서로 위치한다.

Ich habe drei Jahre lang in Frankfurt sehr angenehm gelebt.
(나는 3년 동안 프랑크푸르트에서 매우 즐겁게 살았다.)

(3) 같은 성질의 부사가 여러 개 올 경우

〔범위가 큰 것 ⇒ 범위가 작은 것〕의 순서로 위치한다.

Ich warte heute nachmittag um 1 Uhr auf meine Mutter.
(나는 오늘 오후 한 시에 나의 어머니를 만난다.)

4) 그 밖에 nicht의 위치

nicht는 문장 전체를 부정할 때는 문장 맨 끝에 위치하고 부정법, 과거분사, 술어적으로 쓰이는 형용사와 명사, 분리전철에서는 바로 그 앞에 위치한다.

Ich verstehe das Wort nicht.(나는 그 말을 이해하지 못한다.)
Ich habe das Wort nicht verstanden.(나는 그 말을 이해하지 못했다.)
Ich kann das Wort nicht verstehen.(나는 그 말을 이해할 수 없다.)
Die Frau ist nicht alt.(그 부인은 나이가 들지 않았다.)
Der Zug kommt in Berlin nicht an.(기차가 베를린에 도착하지 않는다.)

【Übungen】

1. 다음 부사의 뜻을 쓰시오.

(1)

부사	뜻	부사	뜻
hier		gerade	
oben		wirklich	
überall		darum	
jetzt		daher	
bald		erst	
immer		morgen	
später			

(2)

부사	뜻	부사	뜻
dort		fast	
hinten		vielleicht	
rechts		deswegen	
dann		wie lange	
heute		nachher	
lange		wieviel	
gern			

(3)

부사	뜻	부사	뜻
da		freilich	
unten		leicht	
links		deshalb	
schon		warum	
gestern		zuerst	
früher		gewiss	
sehr			

2. 다음 보기 중 알맞은 부사구를 찾아 (   ) 안을 채우시오.

eines Tages, den ganzen Tag, jeden Morgen

(1) (   ) traf ich meinen alten Lehrer.
(2) (   ) mache ich einen Spaziergang.
(3) Du arbeitest (   ).

3. 다음 부사와 부사구를 알맞게 배열하시오.

(1) Ich habe (   ) (   ) (   ) angenehm gelebt.
(sehr, in Frankfurt, drei Jahre lang)
(2) Ich warte (   ) (   ) auf meine Mutter.
(um 1 Uhr, heute nachmittag)

13. 형용사 및 부사의 비교 변화(Komparation)

형용사와 부사는 원급, 비교급, 최상급의 비교 변화가 있다.

1) 비교급과 최상급의 형태

	원급	비교급(~er)	최상급(am ~(e)sten)
규칙변화	klein(작은)	kleiner	am kleinsten
	schön(아름다운)	schöner	am schönsten
	dunkel(어두운)	dunkler	am dunkelsten
	früh(이른)	früher	am frühesten
	sauer(신 맛이 나는)	saurer	am sauersten
	teuer(비싼)	teurer	am teuersten
	spät(늦은)	später	am spätesten
모음교체	alt(나이가 든, 오래된)	älter	am ältesten
	warm(따뜻한)	wärmer	am wärmsten
	lang(길이가 긴)	länger	am längsten
	kurz(짧은)	kürzer	am kürzesten
	groß(큰)	größer	am größten
	hoch(높은)	höher	am höchsten
	nah(가까운)	näher	am nächsten
	oft(자주)	öfter	am öftesten
불규칙변화	gut(좋은)	besser	am besten
	gern(기꺼이)	lieber	am liebsten
	viel(많은)	mehr	am meisten
	bald(곧)	eher	am ehesten
	sehr(매우)	mehr	am meisten

2) 원급(Der Positiv)

so+원급+wie A: A 만큼 ~한

Paul ist so groß wie Peter.(파울은 페터 만큼 크다.)
Paul ist genau groß wie Peter.(파울은 정확히 페터 만큼 크다.)
Paul ist fast so groß wie Peter.(파울은 거의 페터 만큼 크다.)
Paul ist nicht so groß wie Hans.(파울은 한스 만큼 크지 않다.)

3) 비교급(Der Komparativ)

비교급+als A: A보다 더 ~한

Mina ist größer als Hanna.(미나는 한나보다 더 크다.)
Mina ist etwas größer als Hanna.(미나는 한나보다 약간 더 크다.)
Youngin ist viel größer als Hanna.(영인은 한나보다 훨씬 더 크다.)
Sabine ist nicht größer als Hanna.(자비네는 한나보다 더 크지 않다.)
Ich trinke gern Bier, aber ich trinke lieber Wein als Bier.
(나는 맥주를 즐겨 마신다. 그러나 나는 맥주보다 포도주를 더 즐겨서 마신다.)

※ noch, viel, weit, bei는 비교급을 강조하는 역할을 한다.

※ 해석에 주의해야 할 비교 구문
1) mehr~ als~: ~라기보다는 ~이다
Sie ist mehr klug als schön.(그녀는 아름답기보다는 영리하다.)
2) immer+비교급: 점점 더 ~해지다
Die Tage werden immer länger.(낮이 점점 더 길어진다.)
3) je+비교급+후치, desto+비교급+도치: ~하면 할수록 ~하다
Je länger eine Reise ist, desto teurer ist sie.
(여행이 길어지면 길어질수록 비용은 더 비싸진다.)
4) nicht weniger+원급 als: ~보다 못지않은
Sie ist nicht weniger schön als du.(그녀는 너 못지않게 아름답다.)
5) nichts weniger als: 결코 ~이 아니다
Er ist nichts weniger als klug.(그는 결코 영리하지 않다.)

4) 최상급(Der Superlativ)

am ~(e)sten: 가장 ~하다

Alfred ist am kleinsten.(알프레드가 가장 작다.)

Hans ist am größten.(한스가 가장 크다.)

Sabine ist am ältesten.(자비네가 가장 나이가 많다.)

Dieser Wagen ist am teuersten.(이 자동차가 가장 비싸다.)

Ich trinke gern Milch, ich trinke lieber Kaffee, aber ich trinke Bier am liebsten.

(나는 우유를 즐겨서 마신다. 나는 커피를 더 즐겨서 마신다. 그러나 나는 맥주를 가장 즐겨서 마신다.)

※ 최상급이 부가어적으로 쓰일 경우 형용사 어미변화를 한다.
예를 들어서 Das ist der höchste Berg. (그것이 가장 높은 산이다.)

【Übungen】

1. 다음 형용사 및 부사의 비교급과 최상급을 쓰시오.

(1)

원급	비교급	최상급
klein schön dunkel früh sauer teuer spät		

(2)

원급	비교급	최상급
alt warm lang kurz groß hoch nah oft		

(3)

원급	비교급	최상급
gut gern viel bald sehr		

2. 다음 비교 구문을 해석하시오.

(1) Paul ist so groß wie Peter.

(2) Paul ist nicht so groß wie Peter.

(3) Mina ist größer als Hanna.

(4) Mina ist etwas größer als Hanna.

(5) Youngin ist viel größer als Hanna.

(6) Ich trinke gern Bier, aber ich trinke lieber Wein als Bier.

(7) Alfred ist am kleinsten.

(8) Hans ist am größten.

(9) Je länger eine Reise ist, desto teurer ist sie.

(10) Die Frau ist mehr klug als schön.

3. 다음 올바른 형용사 변화형이나 알맞은 어휘를 (　　　) 안에 쓰시오.

(1) In Berlin gefällt es mir viel (　　　) als in Dresden.

(2) München ist größer als Bamberg, aber am (　　　) ist Berlin.

(3) Ich trinke gern Bier, aber am (　　　) trinke ich Wein.

(4) Hier ist es so leise (　　　) dort.

(5) Monika ist so schön (　　　) Inge.

(6) Im Winter ist das Wetter am (　　　).

(7) Er ist nichts (　　　) als Klug.

(8) Die Tage werden immer (　　　).

(9) Dieser Berg ist (　　　) als jener Berg.

(10) Hans ist so alt (　　　) Monika.

14. 분리 동사와 비분리 동사(trennbare Verben und untrennbare Verben)

분리 동사와 비분리 동사는 단순 동사와 전치사, 부사와 결합해서 만들어진 동사다. 이때 전치사와 부사는 전철이라고 한다.

1) 비분리 동사

비분리 동사는 8개의 전철과 결합한 동사로서 문장에서 전철과 동사는 항상 붙여 쓴다. 또한 발음할 때 강세는 동사에 있다.

be-, er-, ge-, emp-, ent, ver-, zer-, miss-와 결합한 동사

beginnen(시작하다)	bekommen(얻다)	erleben(체험하다)
erinnern(기억하다)	gefallen(마음에 들다)	gewinnen(이기다)
gehören(~에 속하다)	empfangen(환영하다)	entschuldigen(용서하다)
entdecken(발견하다)	vergessen(잊어버리다)	verlassen(떠나다)
verlieren(잃어버리다)	verstehen(이해하다)	versprechen(약속하다)
verkaufen(팔다)	verdienen(벌다)	zerstören(파괴하다)
versuchen(시도하다)	zerbrechen(부수다)	zerstreuen(분산시키다)

Ich verstehe die Lehrerin.(나는 여 선생님을 이해한다.)

Der Unterricht beginnt un 8 Uhr.(수업이 정각 8시에 시작한다.)

Ich verkaufte mein Auto.(나는 나의 자동차를 팔았다.)

Ich besuche dich.(나는 너의 집을 방문한다.)

Das Buch gehört mir.(책은 내 것이다.)

2) 분리 동사

분리 동사는 비분리 전철 8개 이외의 전철과 결합한 동사로서 무수히 많다. 따라서 비분리 전철을 외워두면 나머지 전철이 있는 동사는 분리 동사로 기억하면 된다. 분리 동사의 전철은 문장 맨 끝에 위치한다. 또한 발음할 때 강세는 전철에 있다.

an-, auf-, aus-, nach-, mit-, vor-, zu-, ab-, hin-, her-, ein-, zurück-, ….

kommen(오다)	-	ankommen(도착하다)	
fahren(타고 가다)	-	abfahren(출발하다)	
steigen(오르다)	-	einsteigen(승차하다)	
steigen(오르다)	-	aussteigen(하차하다)	
hören(듣다)	-	aufhören(그만두다)	
bringen(가져오다)	-	mitbringen(가지고 오다)	
fangen(잡다)	-	anfangen(시작하다)	
stehen(서다)	-	aufstehen(잠자리에서 일어나다)	
geben(주다)	-	ausgeben(지출하다)	spazierengehen(산책하다)
haben(가지고 있다)	-	vorhaben(계획하다)	
laden(싣다)	-	einladen(초대하다)	
lesen(읽다)	-	vorlesen(낭독하다)	
rufen(부르다)	-	anrufen(전화 걸다)	
schlafen(잠자다)	-	einschlafen(잠이 들다)	fernsehen(텔레비전을 보다)
ziehen(끌다)	-	anziehen(옷을 입다)	umziehen(이사하다, 옷을 갈아입다)
reisen(여행하다)	-	abreisen(출발하다)	
nehmen(취하다)	-	abnehmen(제거하다)	

Der Zug kommt in Frankfurt an.(기차가 프랑크푸르트에 도착한다.)

Der Zug fährt von Berlin ab.(기차가 베를린에서부터 출발한다.)

Er steigt in den Zug ein.(그는 기차에 승차한다.)

Er steigt in Köln aus.(그는 쾰른에서 하차한다.)

Ich gehe durch den Garten spazieren.(나는 정원을 거닐며 산책한다.)

3) 분리·비분리 동사

분리·비분리 동사들의 전철은 다음과 같고 분리 동사와 비분리 동사일 때 각각 그 의미가 다르다. 즉 분리 동사에서는 전철의 의미가 나타나고 구체적이며 비분리 동사에서는 추상적, 비유적인 의미를 갖는다.

durch-, hinter-, unter-, über-, um-, wider-, voll, wieder-, ….

전철	분리 동사(구체적)	비분리 동사(추상적, 비유적)
durch-	durchreisen(쉬지 않고 여행하다)	durchreisen(일주하다)
hinter-	hintergehen(뒤로 가다)	hintergehen(속이다)
unter-	unterhalten(밑에서 받치다)	unterhalten(대화를 나누다)
über-	übersetzen(건네주다)	übersetzen(번역하다)
um-	umgehen(교제하다)	umgehen(주위를 돌다)
wider-	widerklingen(반향하다)	widerklingen(반대하다)
voll-	vollbringen(가득 채우다)	vollbringen(완성하다)
wieder-	wiederholen(다시 가져오다)	wiederholen(반복하다)

Ich hole das Buch wieder.(나는 책을 다시 가져온다.)
Ich wiederhole die Übungen.(나는 연습문제들을 반복한다.)

Der Mann setzt ein Heft über.(남자가 공책을 건네준다.)
Der Mann übersetzt das Buch ins Deutsch.(남자가 책을 독일어로 번역한다.)

Ich reise die Stadt von Deutschland durch.
(나는 독일의 도시를 쉬지 않고 여행한다.)
Ich durchreise ein Land in der Länge und Breite.(나는 나라를 두루 여행한다.)

【Übungen】

1. 다음 비분리 동사들의 뜻을 쓰시오.

(1)

동사	의미
beginnen	
bekommen	
erleben	
erinnern	
gefallen	
gewinnen	
gehören	
empfangen	
entschuldigen	
entdecken	

(2)

동사	의미
vergessen	
verlassen	
verlieren	
verstehen	
versprechen	
verkaufen	
verdienen	
zerstören	
versuchen	
zerbrechen	
zerstreuen	

2. 다음 분리 동사들의 뜻을 쓰시오.

(1)

동사	의미
ankommen abfahren einsteigen aussteigen aufhören mitbringen anfangen aufstehen ausgeben spazierengehen	

(2)

동사	의미
vorhaben einladen vorlesen anrufen einschlafen fernsehen anziehen umziehen abreisen	

쉽게 배우는

3. 다음 (　　　) 안에 알맞은 전철이나 동사를 쓰시오.

(1) Der Zug fährt um 8 Uhr von Berlin (　　　) und kommt um 12 Uhr in Frankfurt (　　　).
(2) Sie steigt in den Zug (　　　). (그녀는 기차에 승차한다.)
(3) Sie steigt in Köln (　　　). (그녀는 쾰른에서 하차한다.)
(4) Ich gehe durch den Garten (　　　).
(5) Ich hole das Buch (　　　).
(6) Ich (　　　　) die Übungen.
(7) Ich rufe dich jetzt (　　　).
(8) Sie steht um 6 Uhr (　　　).

15. 현재완료(Das Perfekt)

현재를 중심으로 동작과 상태의 완료나 결과 및 과거의 경험을 나타낸다.

1) 현재완료의 형태

현재완료는 대부분 haben+p.p의 형태를 보이지만 장소의 이동, 상태의 변화, 3격 지배 동사들과 sein, werden, bleiben 동사들은 sein+p.p의 형태를 갖는다.

haben……+p.p
sein……+p.p

Ich **habe** das Buch **gekauft**.(나는 책을 샀다.)
Ich **habe** mich **erkältet**.(나는 감기에 걸렸다.)
Es **hat** stark **geregnet**.(비가 심하게 내렸다.)
Ich **habe** auf meinen Freund **gewartet**.(나는 나의 친구를 기다렸다.)
Er **hat** das Wort **verstanden**.(그는 그 단어를 이해했다.)

2) sein과 결합하는 동사

(1) 장소의 이동을 나타내는 동사

gehen(가다) kommen(오다) laufen(뛰다) fahren(타고 가다)
fliegen(비행하다) steigen(오르다) fallen(떨어지다) fliehen(도망가다)
reisen(여행하다)

Ihr seid gestern ins Kino gegangen.(너희들은 어제 영화관에 갔다.)

Er ist nach Berlin gereist.(그는 베를린으로 여행했다.)

Sie ist zum Bahnhof gelaufen.(그녀는 역으로 달려갔다.)

Ich bin mit der U-Bahn gefahren.(나는 지하철을 타고 갔다.)

Ich bin nach Hause gekommen.(나는 집으로 왔다.)

(2) 상태의 변화를 나타내는 동사

sterben(죽다) genesen(병이 낫다) einschlafen(잠이 들다)
aufwachen(잠에서 깨다) wachsen(성장하다) aufstehen(잠자리에서 일어나다)
schmelzen(얼음이 녹다)

Sie ist vor der Krankheit genesen.(그녀는 병에서 완쾌되었다.)

Ich bin früh aufgestanden.(나는 일찍 일어났다.)

Meine Großmutter ist gestorben.(나의 할머니가 돌아가셨다.)

Er ist bald eingeschlafen.(그는 곧 잠이 들었다.)

Das Eis ist geschmolzen.(얼음이 녹았다.)

(3) 3격 지배 동사 중에서 일부

begegnen(만나다) folgen(따르다) gelingen(성공하다)
geschehen(발생하다) weichen(피하다) glücken(성공하다)

Ich bin meiner Freundin begegnet.(나는 나의 여자 친구를 만났다.)

Was ist dort geschehen?(거기서 무슨 일이 생겼나?)

Es ist mir gelungen, sie zu sehen.(나는 그녀를 보는데 성공했다.)

Die Frau ist mir gefolgt.(부인이 나를 따라 왔다.)

Alles ist mir geglückt.(나는 무슨 일이든지 성공했다.)

(4) sein, werden, bleiben

sein, werden, bleiben

Ich bin reich gewesen.(나는 부유했다.)
Ich bin zu Hause geblieben.(나는 집에 머물렀다.)
Sie ist Lehrerin geworden.(그녀는 선생님이 되었다.)

3) p.p(과거분사)의 형태

(1) ge ~ en: 모음이 바뀌지 않는 경우

일반적으로 동사의 과거분사 형태는 ge ~ en의 형태를 갖는다. 분리 동사일 경우 ge는 전철과 동사 사이에 위치한다.

geben(주다)	-	hat gegeben
fahren(타고 가다)	-	ist gefahren
laufen(달리다)	-	ist gelaufen
schlafen(잠자다)	-	hat geschlafen
anfangen(시작하다)	-	hat angefangen
einladen(초대하다)	-	hat eingeladen
ankommen(도착하다)	-	ist angekommen
anrufen(전화하다)	-	hat angerufen
fernsehen(텔레비전을 보다)	-	hat ferngesehen

(2) ge ~ en: 모음이 바뀌는 경우

과거분사의 형태가 모음이 바뀌는 경우로서 비분리 동사일 경우 ge는 쓸 수 없다.

bleiben(머무르다) - ist geblieben
steigen(오르다) - ist gestiegen
treffen(만나다) - hat getroffen
trinken(마시다) - hat getrunken
finden(발견하다) - hat gefunden
schreiben(쓰다) - hat geschrieben
sprechen(말하다) - hat gesprochen
helfen(도와주다) - hat geholfen
beginnen(시작하다) - hat begonnen
werden(되다) - ist geworden

(3) ge ~ en: 모음 또는 자음이 바뀌는 경우

umziehen(이사하다, 구름이 덮다) - hat/ist umgezogen
nehmen(취하다) - hat genommen
gehen(가다) - ist gegangen
essen(먹다) - hat gegessen
sitzen(앉다) - hat gesessen
stehen(서다) - hat gestanden

(4) ~t, ~en: 비분리 동사들

besuchen(방문하다) - hat besucht
gehören(~에 속하다) - hat gehört
zerbrechen(부수다) - hat zerbrochen
missverstehen(오해하다) - hat missverstanden
erzählen(이야기하다) - hat erzählt
verlieren(잃다) - hat verloren

(5) ~iert: ~ieren으로 끝나는 동사들

diktieren(받아쓰게 하다) - hat diktiert
fotografieren(사진 찍다) - hat fotografiert
telefonieren(전화 통화하다) - hat telefoniert
studieren(공부하다) - hat studiert
reservieren(숙소를 예약하다) - hat reserviert
funktionieren(기능하다) - hat funktioniert

(6) 불규칙하게 변하는 동사들

bringen(가져오다) - hat gebracht
denken(생각하다) - hat gedacht
fliegen(날다) - ist geflogen
bieten(제공하다) - hat geboten
empfehlen(추천하다) - hat empfohlen
finden(발견하다) - hat gefunden
gelingen(성공하다) - hat gelungen
rennen(달리다) - ist gerannt
trinken(마시다) - hat getrunken
kennen(알다) - hat gekannt
wissen(알다) - hat gewusst
brennen(타다) - hat gebrannt
bitten(간청하다) - hat gebeten
essen(먹다) - hat gegessen
gehen(가다) - ist gegangen
helfen(돕다) - hat geholfen
ziehen(끌다) - hat gezogen
senden(보내다) - hat gesandt

【Übungen】

1. 다음 주어진 동사를 현재완료형으로 만드시오.

동사	현재완료형	동사	현재완료형
gehen	ist gegangen	regnen	
kommen		kaufen	
lesen		geben	
laufen		anrufen	
steigen		schreiben	
fahren		sprechen	
sterben		helfen	
begegnen		nehmen	
einschlafen		essen	
wachsen		finden	
geschehen		trinken	
brennen		stehen	
bitten		bringen	
besuchen		denken	
studieren		wissen	
gelingen		ziehen	

쉽게 배우는

2. 다음 문장을 현재완료로 고치시오.

(1) Ich lese das Buch. ______________________.

(2) Du gehst ins Kino. ______________________.

(3) Ich kaufe einen Reiseführer. ______________________.

(4) Ich bin zu Hause. ______________________.

(5) Ich fahre mit der U-Bahn. ______________________.

(6) Wann kommt der Bus an? ______________________.

(7) Ich studiere an der Universität. ______________________.

(8) Ich besuche dich. ______________________.

(9) Er schläft bald ein. ______________________.

(10) Wann verkaufen Sie das Auto? ______________________?

3. sein 혹은 haben 동사를 넣어 현재완료 문장을 만드시오.

(1) Wir (   ) früh aufgestanden.

(2) Ich (   ) ins Kino gegangen

(3) Ich (   ) die Fahrkarten gekauft.

(4) Du (   ) die Zeitung gelesen.

(5) Sie (   ) nach Hause gekommen.

(6) Die Frau (   ) mir gefolgt.

(7) Alles (   ) mir geglückt.

(8) Ich (   ) reich gewesen.

(9) Er (   ) mich besucht.

(10) Er (   ) sie fotografiert.

16. 형용사(Das Adjektiv)

형용사는 문장에서 부가어적, 술어적, 부사적, 명사적으로 쓰인다. 형용사가 술어적, 부사적으로 쓰이는 경우, 어미변화를 하지 않지만 명사를 수식하는 부가어적 용법과 형용사가 명사화되는 명사적 용법에서는 어미변화를 한다.

1) 부가어적 용법

형용사가 명사를 수식하는 부가어적 용법으로 쓰일 때 형용사는 어미변화를 한다. 즉, 관사가 없는 경우, 정관사와 부정관사 오는 경우 각각 어미변화가 다르다.

(1) 강변화: 형용사+명사

형용사 앞에 관사가 없는 경우 형용사 어미변화는 다음과 같다. 중성 2격은 예외이지만 나머지는 모두 정관사 어미변화와 같다.

격	남성(m.)	여성(f.)	중성(n.)	복수(pl.)
1격(N.)	-er	-e	-es	-e
2격(G.)	-en(-es)	-er	-en	-er
3격(D.)	-em	-er	-em	-en
4격(A.)	-en	-e	-es	-e

격	남성(m.)	여성(f.)	중성(n.)	복수(pl.)
1격(N.)	fauler Junge	schöne Frau	kluges Kind	schöne Frauen
2격(G.)	faulen Jungen	schöner Frau	klugen Kindes	schöner Frauen
3격(D.)	faulem Jungen	schöner Frau	klugem Kind	schönen Frauen
4격(A.)	faulen Jungen	schöne Frau	kluges Kind	schöne Frauen

Er isst frisches Obst.(그는 신선한 과일을 먹는다.) - 중성 4격의 어미변화

Guter Wein ist teuer.(좋은 포도주는 비싸다.) - 남성 1격의 어미변화

Heute haben wir schönes Wetter.(오늘은 날씨가 좋다.) - 중성 4격의 어미변화

(2) 약변화: 정관사류+형용사+명사

형용사 앞에 정관사나 정관사류(dies 이것, jen 저것, welch 어떤, solch 그러한, jed 각각, all 모든)가 있는 경우 약변화 한다. 남성은 1격에서 -e, 2격, 3격과 4격에서는 모두 -en 어미변화를 한다. 여성과 중성은 1격과 4격에서 -e 변화를 하지만 2격과 3격은 모두 -en 변화를 한다. 복수는 모두 -en 어미변화를 한다.

격	남성(m.)	여성(f.)	중성(n.)	복수(pl.)
1격(N.)	-e	-e	-e	-en
2격(G.)	-en	-en	-en	-en
3격(D.)	-en	-en	-en	-en
4격(A.)	-en	-e	-e	-en

격	남성(m.)	여성(f.)	중성(n.)	복수(pl.)
1격(N.)	der faule Junge	die schöne Frau	das kluge Kind	die schönen Frauen
2격(G.)	des faulen Jungen	der schönen Frau	des klugen Kindes	der schönen Frauen
3격(D.)	dem faulen Jungen	der schönen Frau	dem klugen Kind	den schönen Frauen
4격(A.)	den faulen Jungen	die schöne Frau	das kluge Kind	die schönen Frauen

Die weiße Bluse gehört mir.(흰색 블라우스는 내 것이다.) - 여성 1격의 어미변화

Der alte Mann kommt aus Deutschland.

(그 노인은 독일 출신이다.) - 남성 1격의 어미변화

Dieses harte Brot ist von gestern.

(이 딱딱한 빵은 어제 것이다.) - 중성 1격의 어미변화

(3) 혼합변화: 부정관사류+형용사+명사

형용사 앞에 부정관사나 부정관사류(소유대명사, kein)가 올 경우 혼합변화를 한다. 복수 어미변화에서는 강변화와 부정관사류가 올 경우 약변화 복수 어미변화를 따른다. 남성, 여성, 중성 1격과 4격은 강변화를 따르고 2격과 3격은 약변화 어미변화를 따르므로 혼합변화라고 한다.

격	남성(m.)	여성(f.)	중성(n.)	복수(pl.)
1격(N.)	-er	-e	-es	-e, -en
2격(G.)	-en	-en	-en	-er, -en
3격(D.)	-en	-en	-en	-en, -en
4격(A.)	-en	-e	-es	-e, -en

격	남성(m.)	여성(f.)	중성(n.)	복수(pl.)
1격(N.)	ein fauler Junge	eine schöne Frau	ein kluges Kind	schöne Frauen meine schönen Frauen
2격(G.)	eines faulen Jungen	einer schönen Frau	eines klugen Kindes	schöner Frauen meiner schönen Frauen
3격(D.)	einem faulen Jungen	einer schönen Frau	einem klugen Kind	schönen Frauen meinen schönen Frauen
4격(A.)	einen faulen Jungen	eine schöne Frau	ein kluges Kind	schöne Frauen meine schönen Frauen

Sie kauft eine rote Bluse.(그녀는 빨간 블라우스를 산다.) - 여성 4격 어미변화
Ein gutes Buch gehört dir.(좋은 책은 너의 것이다.) - 중성 1격 어미변화
Das ist mein junger Sohn.(이 사람은 나의 어린 아들이다.) - 남성 1격 어미변화

2) 명사적 용법

명사적 용법은 형용사 다음에 오는 명사가 생략되고 형용사를 대문자로 쓰는 경우를 의미한다. 이 때 남성, 여성, 복수는 사람을 뜻하고 중성은 사물이나 추상적인 뜻을 갖는다.

(1) 형용사의 부가어적 용법과 명사적 용법

부가어적 용법	명사적 용법
der reiche Mann(부자) ein reicher Mann(어떤 부자) reiche Leute(부자들)	der Reiche(부자) ein Reicher(어떤 부자) Reiche(부자들)

격	남성(부자)	여성(여성 부자)	중성(부)	복수(부자들)
1격(N.)	der Reiche	die Reiche	das Reiche	die Reichen
2격(G.)	des Reichen	der Reichen	des Reichen	der Reichen
3격(D.)	dem Reichen	der Reichen	dem Reichen	den Reichen
4격(A.)	den Reichen	die Reiche	das Reiche	die Reichen

Der Reiche kommt aus Frankfurt.(그 부자는 프랑크푸르트 출신이다.)

Die Kranke ist meine Freundin.(그 여성 환자는 내 친구이다.)

Die Reichen fahren heute nach Berlin.(그 부자들이 오늘 베를린으로 간다.)

(2) 부정 대명사 etwas, nichts, 부정사 viel, wenig+형용사

이 경우 명사적 용법으로 쓰이며 강변화 중성 변화를 한다.

격	좋은 것	특별한 것이 없다	많은 새로운 것
1격(N.)	etwas Gutes	nichts Besonderes	viel Neues
2격(G.)	etwas Guten	nichts Besonderen	viel Neuen
3격(D.)	etwas Gutem	nichts Besonderem	viel Neuem
4격(A.)	etwas Gutes	nichts Besonderes	viel Neues

Es gibt etwas Besonderes.(es gibt+4격(A): ~A가 있다, 뭔가 특별한 것이 있다.)

Haben Sie etwas Gutes?(당신은 뭔가 좋은 것을 갖고 있습니까?)

Nichts Neues im Westen.(서부 전선에 이상이 없다.)

3) 형용사의 격 지배

(1) 2격 지배 형용사

Er ist deiner Hilfe bedürftig.(그는 너의 도움이 필요하다.)

Ich bin seiner müde.(나는 그에게 싫증난다.)

(2) 3격 지배 형용사

Die Tochter ist der Mutter ähnlich.(딸이 엄마를 닮았다.)

Der Hund ist seinem Herrn treu.(개는 주인에게 충실하다.)

Der Sohn ist seinem Vater gehorsam.(아들이 아버지에게 순종한다.)

(3) 4격 지배 형용사

Sie bleibt einen Monat lang.(그녀는 한 달간 머무른다.)

Das Kind ist einen Monat alt.(그 아이는 태어난 지 한 달 되었다.)

4) 형용사와 전치사의 상관관계

stolz auf: ~을 자랑하는
reich an: ~이 풍부한
zufrieden mit: ~에 만족한
arm an: ~이 부족한
bekannt mit: ~을 잘 아는
voll von: ~으로 가득찬

Der Vater ist stolz auf seinen Sohn.(아버지가 그의 아들을 자랑한다.)

Korea ist arm an Öl.(한국은 기름이 부족하다.)

Er ist zufrieden mit der Folge.(그는 그 결과에 만족한다.)

【Übungen】

1. 밑줄 친 곳에 알맞은 형용사 어미변화를 쓰시오.

(1)

격	남성(m.)	여성(f.)	중성(n.)	복수(pl.)
1격(N.)	faul__ Junge	schön__ Frau	klug__ Kind	schön__ Frauen
2격(G.)	faul__ Jungen	schön__ Frau	klug__ Kindes	schön__ Frauen
3격(D.)	faul__ Jungen	schön__ Frau	klug__ Kind	schön__ Frauen
4격(A.)	faul__ Jungen	schön__ Frau	klug__ Kind	schön__ Frauen

(2)

격	남성(m.)	여성(f.)	중성(n.)	복수(pl.)
1격(N.)	der faul__ Junge	die schön__ Frau	das klug__ Kind	die schön__ Frauen
2격(G.)	des faul__ Jungen	der schön__ Frau	des klug__ Kindes	der schön__ Frauen
3격(D.)	dem faul__ Jungen	der schön__ Frau	dem klug__ Kind	den schön__ Frauen
4격(A.)	den faul__ Jungen	die schön__ Frau	das klug__ Kind	die schön__ Frauen

(3)

격	남성(m.)	여성(f.)	중성(n.)
1격(N.)	ein faul__ Junge	eine schön__ Frau	ein klug__ Kind
2격(G.)	eines faul__ Jungen	einer schön__ Frau	eines klug__ Kindes
3격(D.)	einem faul__ Jungen	einer schön__ Frau	einem klug__ Kind
4격(A.)	einen faul__ Jungen	eine schön__ Frau	ein klug__ Kind

2. 다음 주어진 형용사를 사용하여 (　　) 안에 알맞게 쓰시오.

(1) Heute haben wir (　　) Wetter. (schön)
(2) Steht etwas (　　) in der Zeitung? (neu)
(3) Der Professor hat ein (　　) Haus. (alt)
(4) Die (　　) Bluse gehört mir. (weiß)
(5) Sie ist meine (　　) Tochter. (jung)
(6) Ich möchte ein (　　) Hemd. (leicht)
(7) Das ist ein (　　) Pullover. (billig)
(8) Ich zeige dir etwas (　　). (gut)
(9) Die (　　) ist meine Freundin. (krank)
(10) Die (　　) fahren heute nach Berlin. (reich)

3. 다음 (　　) 안에 알맞은 전치사를 쓰시오.

(1) Die Mutter ist stolz (　　) ihren Sohn.
(2) Korea ist arm (　　) Öl.
(3) Wir sind zufrieden (　　) der Folge.

17. 동사의 과거형과 과거완료(Präteritum und Plusquamperfekt der Verben)

1) 동사의 과거형

(1) 규칙 변화: -te

독일어 동사의 과거형은 어간에 -te를 붙인다. 또한 인칭에 따라 변화하며 -te에 현재 인칭 변화 어미를 붙여주면 된다. 단, 1인칭과 3인칭은 -te로서 항상 같이 변한다.

인칭	어미	führen(이끌다)	sagen(말하다)	arbeiten(일하다)
ich	-(e)te	führte	sagte	arbeitete
du	-(e)test	führtest	sagtest	arbeitetest
er/es/sie	-(e)te	führte	sagte	arbeitete
wir	-(e)ten	führten	sagten	arbeiteten
ihr	-(e)tet	führtet	sagtet	arbeitetet
sie	-(e)ten	führten	sagten	arbeiteten
Sie	-(e)ten	führten	sagten	arbeiteten

그 밖에 lieben(사랑하다)−liebte, gehören(~에 속하다)-gehörte, hören(듣다)−hörte, reden(말하다)−redete, wollen(~할 것이다)-wollte, zeigen(보여주다)−zeigte, beschäftigen(~에 몰두하다)-beschäftigte, machen(하다)−machte, dauern(지속하다)−dauerte, unterstützen(버팀목이 되다)-unterstützte, erledigen(끝마치다)−erledigte, beherrschen(지배하다)−beherrschte, schmecken(~의 맛이 나다)-schmeckte, regnen(비가 내리다)-regnete, warten(기다리다)−wartete, studieren(공부하다)−studierte, rasieren(면도하다)−rasierte, besuchen(방문하다)−besuchte 등이 있다.

Ich führte mich sehr wohl.(나는 매우 편안하게 느껴졌다.)

Es regnete gestern sehr stark.(어제 매우 심하게 비가 왔다.)

Er erledigte seine Aufgaben.(그는 그의 과제를 끝냈다.)

(2) 불규칙 변화

불규칙 변화 동사는 1인칭과 3인칭의 변화가 항상 같고 어미는 현재 인칭 변화 어미를 붙여주면 된다. 단, 어간이 -t, -d, -dm, -tm, -dn, -fn, -gn, chn, -ckn 등으로 끝날 경우 발음상 e를 넣는다.

인칭	finden(발견하다)	kommen(오다)	geben(주다)	sehen(보다)
ich	fand	kam	gab	sah
du	fandest	kamst	gabst	sahst
er/es/sie	fand	kam	gab	sah
wir	fanden	kamen	gaben	sahen
ihr	fandet	kamt	gabt	saht
sie	fanden	kamen	gaben	sahen
Sie	fanden	kamen	gaben	sahen

인칭	bringen (가져오다)	sein (~이다, ~있다)	denken (생각하다)	halten (유지하다)
ich	brachte	war	dachte	hielt
du	brachtest	warst	dachtest	hieltest
er/es/sie	brachte	war	dachte	hielt
wir	brachten	waren	dachten	hielten
ihr	brachtet	wart	dachtet	hieltet
sie	brachten	waren	dachten	hielten
Sie	brachten	waren	dachten	hielten

그 밖에 enttschließen(결심하다)-entschloss, haben(가지다)-hatte,
dürfen(~을 해도 좋다)-durfte, gehen(가다)-ging,
gefallen(~의 마음에 들다)-gefiel, singen(노래하다)-sang,
auffallen(눈에 띄다)-fiel auf, wissen(알다)-wusste,
bekommen(얻다)-bekam, lassen(내버려두다)-ließ,
bleiben(머무르다)-blieb, können(~을 할 수 있다)-konnte,
müssen(~을 해야만 한다)-musste, stehen(서 있다)-stand,
treffen(만나다)-traf, vergessen(잊다)-vergaß, lesen(읽다)-las,
geschehen(일어나다)-geschah, wachsen(성장하다)-wuchs,
waschen(씻다)-wusch, fahren(타고 가다)-fuhr, tragen(나르다)-trug,
laden(싣다)-lud, schlagen(때리다)-schlug,
schlafen(잠자다)-schlief, hängen(걸려 있다)-hing,
fangen(붙잡다)-fing, heißen(불리우다)-hieß, rufen(부르다)-rief,
laufen(뛰다)-lief, rennen(달리다)-rannte 등이 있다.

Mein lezter Tag war im Kindergarten.(나는 마지막 날에 유치원에 있었다.)
Er sang mit den Kindern.(그는 아이들과 노래를 불렀다.)
Sie ging dann nach Hause.(그 다음에 그녀는 집으로 갔다.)

2) 과거완료

과거의 어느 시점을 기준으로 해서 그 이전에 완료된 사실을 나타낸다.

haben의 과거형……+p.p
sein의 과거형……+p.p

Nachdem sie gegessen hatte, ging sie spazieren.
(그녀는 식사를 한 후에 산책을 했다.)
Als der Arzt kam, war sie schon gestorben.
(의사가 왔을 때 그녀는 이미 죽었다.)
Er hatte schon die Zeitung gelesen, als sie ins Zimmer kam.
(그녀가 방으로 들어 왔을 때 그는 이미 신문을 읽었다.)

【Übungen】

1. 다음 규칙 변화 동사의 과거형을 쓰시오.

(1)

인칭	reden	machen	zeigen
ich			
du			
er/es/sie			
wir			
ihr			
sie			
Sie			

(2)

인칭	regnen	warten	studieren
ich			
du			
er/es/sie			
wir			
ihr			
sie			
Sie			

2. 다음 불규칙 변화 동사의 과거형을 쓰시오.

(1)

인칭	bleiben	gehen	sehen
ich			
du			
er/es/sie			
wir			
ihr			
sie			
Sie			

(2)

인칭	haben	laufen	gefallen
ich			
du			
er/es/sie			
wir			
ihr			
sie			
Sie			

(3)

인칭	geben	kommen	denken
ich			
du			
er/es/sie			
wir			
ihr			
sie			
Sie			

3. 다음 (　　　) 안을 알맞게 채워서 과거완료 문장을 만드시오.

(1) Nachdem er gelesen (　　　), ging er spazieren.

(2) Als sie kam, (　　　) ihre Mutter schon gegangen.

(3) Ich rannte laut singend nach Hause, nachdem mir mein Lehrer das erzählt (　　　).

18. 동사의 미래형(Futurform der Verben)

미래에 일어날 행위와 상태를 나타내며, 또한 현재에 대한 추측, 의도, 약속, 요구를 나타낸다.

1) 형태

werden + …… 부정형

동사의 미래형은 현재형과 시간을 나타내는 부사들과 함께 표현된다.

2) werden의 현재 인칭 변화

인칭	werden	인칭	werden
ich	werde	wir	werden
du	wirst	ihr	werdet
er/es/sie	wird	sie/Sie	werden

Ich werde das Buch kaufen.(나는 책을 살 것이다.)
Sie wird in einem Monat zurückkommen.(그녀는 한 달 후에 돌아올 것이다.)
Sie werden jetzt zu Hause sein.(그들은 지금 집에 있을 것이다.)

3) 용법

(1) 추측

Peter wird jetzt krank sein. = Peter ist jetzt vermutlich krank.
(페터가 추측컨대 지금 아픈 것 같다.)

(2) 의도

Ich werde morgen kommen. = Ich habe vor, morgen zu kommen.
(나는 내일 올 것이다.)

(3) 약속

Ich werde euch besuchen. = Ich verspreche, euch zu besuchen.
(내가 너희 집을 방문할게.)

(4) 요구

Wirst du jetzt aufhören? = Hör auf!
(너 지금 중단할래?)

【Übungen】

1. werden의 현재 인칭 변화를 쓰시오.

인칭	werden	인칭	werden
ich		wir	
du		ihr	
er/es/sie		sie/Sie	

2. 다음 ( ) 안에 알맞은 동사를 넣으시오.

(1) Ich ( ) in zwei Wochen zurückkommen.(나는 이 주 후에 돌아올 것이다.)

(2) Du ( ) das Buch kaufen.(너는 책을 살 것이다.)

(3) Sie wird jetzt zu Hause ( ).(그녀는 지금 집에 있을 것이다.)

3. 다음 독일어 문장을 해석하시오.

(1) Peter wird jetzt krank sein.

(2) Ich werde morgen kommen.

(3) Ich werde euch besuchen.

(4) Wirst du jetzt aufhören?

19. 관계 대명사(Das Relativpronomen)

관계 대명사는 접속사와 대명사의 기능을 가진 품사이며 두 개의 문장을 연결할 때 관계 대명사 앞에 위치한 명사나 대명사를 선행사라 한다. 이때 선행사를 취하는 관계 대명사, 선행사를 포함한 기능을 갖는 부정 관계 대명사와 접속사와 부사의 기능을 갖는 관계 부사가 있다.

1) 관계 대명사

(1) 관계 대명사의 특징

* 관계 대명사는 결코 생략되지 않는다.
* 관계 문에서의 동사는 후치한다.
* 관계 대명사의 성과 수는 선행사를 따르고 격은 관계 문에서 결정된다.
* 관계 대명사 앞에는 쉼표를 사용한다.

(2) 관계 대명사의 변화형

격	남성(m.)	여성(f.)	중성(n.)	복수(pl.)
1격(N.)	der	die	das	die
2격(G.)	dessen	deren	dessen	deren
3격(D.)	dem	der	dem	denen
4격(A.)	den	die	das	die

쉽게 배우는

(3) 관계 대명사의 용법

1격(N.)	Die Frau, die im Garten arbeitet, ist meine Tante. (정원에서 일하고 있는 부인은 나의 숙모이다.)
2격(G.)	Die Frau, deren Garten schön ist, ist meine Tante. (그녀의 정원이 아름다운 부인은 나의 숙모이다.)
3격(D.)	Die Frau, der der Garten gehört, ist meine Tante. (그 정원을 소유하고 있는 부인은 나의 숙모이다.)
4격(A.)	Die Frau, die du morgen besuchst, ist meine Tante. (네가 내일 방문할 부인은 나의 숙모이다.)

(4) 전치사+관계 대명사

선행사가 사람인 경우	Der Mann, mit dem ich gesprochen habe, ist mein Lehrer.(내가 말한 남자는 나의 선생님이다.)
선행사가 사물인 경우	Er besuchte die Stadt, in der er acht Jahre gelebt hatte. ⇒ Er besuchte, die Stadt, wo er acht Jahre gelebt hatte. (그는 8년간 살았던 도시를 방문했다.)

2) 부정 관계 대명사

(1) 부정 관계 대명사의 변화형

격	~한 자는	~하다	~한 것은	~하다
1격(N.)	wer ~ 후치	(der) ~ 정치	was ~ 후치	(das) ~ 정치
2격(G.)	wessen ~ 후치	(der) ~ 정치	wessen ~ 후치	(das) ~ 정치
3격(D.)	wem ~ 후치	(der) ~ 정치		
4격(A.)	wen ~ 후치	(der) ~ 정치	was ~ 후치	(das) ~ 정치

(2) wer 부정 관계 대명사의 용법

1격(N.)	Wer den ganzen Tag arbeitet, (der) ist sehr fleißig. (하루종일 공부하는 자는 매우 부지런하다.)
2격(G.)	Wessen Recht groß ist, dessen Pflicht ist auch groß. (권력이 큰 자는 의무 또한 크다.)
3격(D.)	Wem du geholfen hast, der hilft dir auch. (네가 도와준 사람은 또한 너를 도와준다.)
4격(A.)	Wen du liebst, der ist mein Freund. (네가 사랑하는 사람은 나의 친구이다.)

(3) was 부정 관계 대명사의 선행사와 용법

지시대명사	das, dasjenige
부정대명사	etwas, nichts, alles, vieles, weniges
형용사에서 온 중성명사	das Gute, das Beste, das Schönste

Alles, was er sagt, ist richtig.(그가 말하는 모든 것이 옳다.)

Es gibt nichts, was ich kaufen will.(내가 사려고 하는 것은 아무 것도 없다.)

Das Buch ist das Beste, was ich habe.

(그 책은 내가 가지고 있는 가장 좋은 책이다.)

1격(N.)	Was weiß ist, (das) ist nicht schwarz. (하얀 것은 검은 것이 아니다.)
2격(G.)	Wessen sie bedürft(2격을 요구하는 동사), das gebe ich ihm. : das가 문장 앞에 위치하여 어순은 동사+주어로서 도치된다. (그녀가 필요로 하는 것을 나는 그에게 준다.)
4격(A.)	Was du heute tun willst, (das) ist deine Pflicht. (네가 오늘 하려고 하는 것은 너의 의무이다.)

3) 관계 부사

장소를 나타내는 관계 부사	wo, woher, wohin
시간을 나타내는 관계 부사	wo, da, wenn, als
방법을 나타내는 관계 부사	wie(선행사가 die Art, die Weise 방법인 경우)
원인. 이유를 나타내는 관계 부사	warum, weshalb(선행사가 die Ursache 원인, der Grund 이유인 경우)

Im Augenblick, als ich sie zum erstenmal sah, war sie sehr krank.
(내가 처음으로 그녀를 보았을 때에 그녀는 매우 아팠다.)
Wir gehen jetzt ins Zimmer, wo der Lehrer die Schüler sehr fleißig lehrte.
(우리들은 지금 선생님이 학생들을 매우 열심히 가르치셨던 그 방으로 들어간다.)
Die Art und Weise, wie man schwimmt, kann er nur im Schwimmbad erlernen.(사람은 수영하는 기술과 방법을 수영장에서만 습득할 수 있다.)
Mir ist der Grund nicht klar, warum er nicht fleißig arbeitet.
(그가 열심히 일하지 않는 이유가 나에게는 명백하지 않다.)
Das ist der Grund, warum ich ihn lobe.
(그것이 내가 그를 칭찬하는 이유다.)

【Übungen】

1. 다음 관계대명사의 변화형을 쓰시오.

격	남성(m.)	여성(f.)	중성(n.)	복수(pl.)
1격(N.)				
2격(G.)				
3격(D.)				
4격(A.)				

2. 다음 알맞은 관계 대명사를 넣으시오.

(1) Die Frau, (   ) im Garten arbeitet, ist meine Tante.

(2) Die Frau, (   ) Garten schön ist, ist meine Tante.

(3) Die Frau, (   ) der Garten gehört, ist meine Tante.

(4) Die Frau, (   ) du morgen besuchst, ist meine Tante.

(5) Der Herr, mit (   ) ich gesprochen habe, ist mein Mann.

(6) Ich gebe dir den Kuli, mit (   ) ich schreibe.

(7) Der Gast, (   ) Gesicht du kennst, ist mein Vater.

(8) Er besuchte die Stadt, in (   ) er acht Jahre gelebt hatte.

(9) Der Bekannte, (   ) mich gestern besucht habe, war zwei Jahre in Berlin.

(10) Die Leute, mit (   ) ich gesprochen habe, sind Ausländer.

3. 다음 알맞은 부정 관계 대명사를 넣으시오.

(1) (   ) den ganzen Tag arbeitet, (der) ist sehr fleißig.
(2) (   ) Recht groß ist, dessen Pflicht ist auch groß.
(3) (   ) du geholfen hast, der hilft dir auch.
(4) (   ) du liebst, der ist mein Freund.
(5) (   ) weiß ist, (das) ist nicht schwarz.
(6) (   ) sie bedürft, das gebe ich ihm.
(7) (   ) du heute tun willst, (das) ist deine Pflicht.
(8) Alles, (   ) er sagt, ist richtig.
(9) Es gibt nichts, (   ) ich kaufen will.
(10) Das Buch ist das Beste, (   ) ich habe.

4. 다음 알맞은 관계 부사를 넣으시오.

(1) Im Augenblick, (   ) ich sie zum erstenmal sah, war sie sehr krank.
(2) Wir gehen jetzt in den Hörsaal, (   ) der Professor die Studenten sehr fleißig lehrte.
(3) Die Art und Weise, (   ) man schwimmt, kann er nur im Schwimmbad erlernen.
(4) Das ist der Grund, (   ) sie darauf besteht.

20. 분사(Das Partizip)

분사는 동사의 의미를 갖고 형용사의 성질을 겸한 동사의 형태를 말하며, 분사의 종류는 현재분사와 과거분사가 있다.

1) 현재분사

현재분사는 능동의 의미를 지니며 형용사, 명사, 부사와 술어적으로 사용되는 경우가 있다.

현재분사: ……부정형+d

(1) 형용사로 사용되는 경우

현재분사가 형용사로 사용되는 경우는 형용사의 어미변화를 따른다.

Wer ist die dort stehende Frau?

(거기에 서 있는 부인은 누구인가?): 약변화 여성 1격 어미를 따른다.

Der zunehmende Verkehr ist ein wachsendes Problem.

(증가하는 교통이 점점 문제이다.): 약변화 남성 1격과 혼합변화 중성 1격 어미변화를 따른다.

(2) 명사로 사용되는 경우

명사로 사용되는 경우는 첫 글자를 대문자로 쓰고 형용사 어미변화를 한다.

(형용사의 명사화)

Der Reisende ist ein Ausländer.
(여행객이 외국인이다.): 약변화 남성 1격 어미변화를 한다.
Die Schlafende, die auf dem Sofa liegt, ist meine Frau.
(소파 위에 누워 있는 잠자는 여자는 나의 부인이다.): 약변화 여성 1격 어미변화를 한다.

(3) 부사로 사용되는 경우

Die Männer traten schweigend ins Zimmer ein.
(사람들은 말없이 방으로 들어갔다.)
Lächelnd grüßte mich die Frau.(그 부인은 미소 지으며 나에게 인사했다.)

(4) 술어적으로 사용되는 경우

술어적으로 사용되는 경우는 완전한 형용사의 역할을 한다.

Die Frau ist reizend.(그 부인은 매력적이다.)
Die Studentin war abwesend.(그 여대생이 결석했다.)

2) 과거분사

자동사의 과거분사는 능동과 완료의 의미, 타동사의 과거분사는 수동과 완료의 의미를 갖는다.

(1) 형용사로 사용되는 경우

형용사로 사용되는 경우는 형용사 어미변화를 한다.

das verkaufte Haus(팔린 집) die geschlossene Tür(닫힌 문)

Die Frau geht durch die geöffnete Tür hinein.
(그 부인은 열린 문으로 들어간다.)
Das ist ein verkauftes Haus.(그 집은 팔린 집이다.)

(2) 명사로 사용되는 경우

명사로 사용되는 경우, 형용사는 대문자로 쓰고 남성, 여성, 복수는 사람, 중성은 사물이나 사건을 나타낸다.

der Beamte(관리)	der Verletzte(부상자)	die Verlobte(약혼녀)
der Gestorbene(고인)	der Gelehrte(학자)	der Bekannte(지인)

(3) 부사로 사용되는 경우

Er hörte interessiert zu.(그는 흥미롭게 경청했다.)

Ein Vogel kam geflogen.(새가 날아서 왔다.)

【Übungen】

1. 다음 (   ) 안에 알맞은 현재분사를 넣으시오.

(1) Wer ist die dort (   ) Frau? (stehen)
(2) Der (   ) Verkehr ist ein (   ) Problem. (zunehmen, wachsen)
(3) Der (   ) ist ein Ausländer. (reisen)
(4) Die (   ), die auf dem Sofa liegt, ist meine Frau. (schlafen)
(5) Die Männer traten (   ) ins Zimmer ein. (schweigen)

2. 다음 (   ) 안에 알맞은 과거분사를 넣으시오.

(1) Die Frau geht durch die (   ) Tür hinein. (öffnen)
(2) Das ist ein (   ) Haus. (verkaufen)
(3) Die Leute hörten (   ) zu. (interessieren)
(4) Ein Vogel kam (   ). (fliegen)
(5) Er ist sehr (   ). (überraschen)

3. 다음 우리말을 독일어로 옮기시오.

(1) 그 대학생은 오늘 결석했다.
(2) 그 대학생이 빨리 뛰면서 온다.
(3) 도착한 기차가 베를린에서부터 출발했다.
(4) 내가 말하고 있는 사람들은 지인들이다.
(5) 그 남자는 열린 문으로 들어간다.

21. 재귀 동사(Reflexivverben)와 재귀 대명사(Reflexivpronomen)

재귀 동사는 주어가 직접 행한 동작을 의미하며, 보통 재귀 대명사를 취하게 된다. 재귀 동사는 2격, 3격과 4격의 재귀 대명사를 요구하는데 대부분 3격과 4격을 요구하고 2격을 필요로 하는 재귀 동사도 있다.

1) 재귀 대명사의 격 변화

수	격	1인칭	2인칭		3인칭		
단수	1격	ich	du	Sie(경칭)	er	es	sie
	2격	meiner	deiner	Ihrer	seiner	seiner	ihrer
	3격	mir	dir	sich	sich	sich	sich
	4격	mich	dich	sich	sich	sich	sich
복수	1격	wir	ihr	Sie(경칭)	sie(복수)		
	2격	unser	euer	Ihrer	ihrer		
	3격	uns	euch	sich	sich		
	4격	uns	euch	sich	sich		

Wir wünschen uns ein Kind.

(우리들은 아이를 원한다.): 3격 재귀 대명사를 취한 경우

Ich interessiere mich für Sport.

(나는 스포츠에 관심이 있다.): 4격 재귀 대명사를 취한 경우

Ich kaufe mir das Buch.

(나는 책을 산다.): 3격 재귀 대명사를 취한 경우

2) 3격 재귀 대명사를 취하는 경우

문장에서 4격 목적어가 있을 경우 3격 재귀 대명사를 취한다.

sich kaufen(사다)
sich putzen(모양을 내다)
sich kämmen(머리 빗다)
sich vorstellen(소개하다)
sich merken(인지하다)
sich waschen(씻다)
sich bürsten(솔질하다)
sich vornehmen(계획하다)
sich einbilden(공상하다)
sich bestellen(주문하다)

Ich kaufe mir das Heft.(나는 공책을 산다.)
Ich wasche mir die Hände.(나는 손을 씻는다.)
Ich putze mir die Schuhe.(나는 구두를 닦는다.)
Ich bürste mir die Zähne.(나는 이를 닦는다.)
Ich kämme mir die Haare.(나는 머리를 빗는다.)
Ich nehme mir eine Reise vor.(나는 여행을 계획한다.)
Ich stelle mir ein Stück vor.(나는 작품을 소개한다.)
Ich bilde mir eine Schwachheiten ein.(나는 지나친 망상에 사로잡힌다.)
Ich merkte mir das Geheimnis.(나는 비밀을 알아챘다.)
Ich bestelle mir eine Tasse Kaffee.(나는 커피를 주문한다.)

3) 4격 재귀 대명사를 취하는 경우

문장에서 4격 목적어가 없는 경우 4격 재귀 대명사를 취한다.

sich bewegen(움직이다)
sich erkälten(감기 들다)
sich rasieren(면도하다)
sich befinden(~에 있다)
sich benehmen(태도를 취하다)
sich verspäten(지각하다)
sich beeilen(서두르다)
sich setzen(앉다)
sich begeben(가다)
sich ereignen(사건이 일어나다)
sich ändern(변하다)

Ich habe mich erkältet.(나는 감기에 걸렸다.)

Ich rasiere mich.(나는 면도한다.)

Ich setze mich auf den Stuhl.(나는 의자에 앉는다.)

Wie befindest du dich?(너는 어떻게 지내니?)

Ich begebe mich ins Bad.(나는 욕실로 들어간다.)

Wie wird sie sich benehmen?(그녀는 어떻게 태도를 취할 겁니까?)

4) 4격 재귀 대명사와 전치사를 필요로 하는 재귀 동사

sich an+4격 gewöhnen: ~에 익숙하다

sich auf+4격 freuen: ~을 학수고대하다

sich auf+4격 besinnen: ~을 생각하다

sich auf+4격 (jn.) verlassen: ~을 믿다

sich in jn. verlieben: ~에게 반하다

sich in+3격 irren: ~을 잘못 생각하다

sich in+4격 verwandeln: ~로 변하다

sich in+4격 vertiefen: ~에 몰두하다

sich mit+3격 beschäftigen: ~에 몰두하다

sich mit jm. verheiraten: ~와 결혼하다

sich mit jm. verabreden: ~와 약속하다

sich mit jm. unterhalten: ~와 이야기하다

sich nach+3격 (jm.) sehnen: ~을 그리워하다

sich vor jm. fürchten: ~을 두려워하다

sich über+4격 freuen: ~에 대해 기뻐하다

sich über+4격 ärgern: ~에 대해 화내다

sich über+4격 wundern: ~에 대해 놀라다

sich um+4격 (jn.) sorgen: ~을 걱정하다

sich von jm. verabschieden: ~와 이별하다

sich von+3격 erholen: ~을 회복하다

sich bei jm. nach+3격 erkundigen: ~에게 ~을 묻다

sich für+4격 interessieren: ~에 대해서 흥미를 느끼다

Du verlässt dich auf mich nicht.(너는 나를 믿지 않는다.)

Ich gewöhne mich an die deutsche Kultur.(나는 독일 문화에 익숙하다.)

Ich interessiere mich für den Sport.(나는 운동에 관심이 있다.)

Ich beschäftige mich mit Hermann Hesse.(나는 헤르만 헤세에 몰두한다.)

Du sehnst dich nach deiner Heimat.(너는 너의 고향을 그리워한다.)

Ich freue mich über den schönen Baum.(나는 아름다운 나무에 대해서 기뻐한다.)

Ich fürchte mich vor dem Lehrer.(나는 그 선생님을 두려워했다.)

Ich freue mich auf die Ferien.(나는 방학을 학수고대한다.)

Sie verliebte sich in den Mann.(그녀는 그 남자에게 반했다.)

Er verabredete sich mit uns heute.(그는 우리와 오늘 만나기로 약속했다.)

5) 재귀 대명사의 특수 용법

(1) 타동사+sich+(부사): 수동의 의미를 지닌다.

Die Tür öffnet sich leicht.(그 문은 쉽게 열린다.)

(2) lassen sich~+동사원형: 수동의 가능을 의미한다.

Die Arbeit läßt sich schnell erledigen.(그 일은 빨리 끝마칠 수 있다.)

【Übungen】

1. 다음 재귀 대명사의 격을 알맞게 쓰시오.

수	격	1인칭	2인칭	3인칭
단수	1격 2격 3격 4격			
복수	1격 2격 3격 4격			

2. 다음 알맞은 재귀 대명사를 넣으시오.

(1) Ich kaufe (　　　) das Heft.

(2) Ich wasche (　　　) die Hände.

(3) Ich habe (　　　) erkältet.

(4) Ich rasiere (　　　).

(5) Ich setze (　　　) auf den Stuhl.

(6) Wie befindet er (　　　)?

(7) Ich kämme (　　　) die Haare.

(8) Sie nimmt (　　　) eine Reise vor.

(9) Er bestellt (　　　) eine Tasse Kaffee.

(10) Ich begebe (　　　) ins Bad.

(11) Wie wird sie (　　　) benehmen?

(12) Ich putze (　　　) die Schuhe.

3. 다음 문장을 우리말로 해석하시오.

(1) Die Tür öffnet sich leicht.

(2) Die Arbeit läßt sich schnell erledigen.

4. 다음 알맞은 재귀 대명사와 전치사를 넣으시오.

(1) Du gewöhnst ( ) ( ) die deutsche Kultur.

(2) Du interessierst ( ) ( ) den Sport.

(3) Ich beschäftige ( ) ( ) Hermann Hesse.

(4) Ich sehne ( ) ( ) meiner Heimat.

(5) Ich freue ( ) ( ) den schönen Baum.

(6) Ich fürchte ( ) ( ) dem Lehrer.

(7) Ich freue ( ) ( ) die Ferien.

(8) Sie verliebte ( ) ( ) den Mann.

(9) Er verabredete ( ) ( ) uns heute.

(10) Ich verlasse ( ) ( ) dich.

22. 접속사(Die Konjunktion)

접속사는 단어와 단어, 구와 구, 문장과 문장을 연결하는 품사로 어미변화는 하지 않는다. 접속사의 종류는 대등 접속사, 부사적 접속사, 종속 접속사와 상관 접속사가 있다.

1) 대등 접속사

정치하는 접속사로 주어+동사의 어순을 취한다.

aber: 그러나 und: 그리고 oder: 혹은
denn: 왜냐하면 nicht~, sondern~: ~이 아니라 ~이다.

Inge geht in die Universität, aber Hans bleibt zu Hause.
(잉에는 대학에 간다. 그러나 한스는 집에 있다.)
Sie ging nicht zur Schule, denn sie war sehr krank.
(그녀는 학교에 가지 않았다. 왜냐하면 그녀는 매우 아팠기 때문이다.)
Ich gehe nicht zu ihm, sondern er kommt zu mir.
(내가 그에게 간 것이 아니라 그가 나에게 온다.)
Hans oder Inge besucht dich jetzt.
(한스 혹은 잉에가 너를 지금 방문한다.)
Hans und Inge fahren mit der U-Bahn.
(한스와 잉에가 지하철을 타고 간다.)

2) 부사적 접속사

도치하는 접속사로 동사+주어의 어순을 취한다.

dann: 그 다음에
daher: 그 때문에
also: 그러므로
sogar: 더욱이
sonst: 그렇지 않으면
darum: 그 때문에
deshalb: 그 때문에
doch: 그러나
so: 그래서
dennnoch: 그럼에도 불구하고
trotzdem: 그럼에도 불구하고

Er ist sehr krank, also bleibt er heute zu Hause.
(그는 매우 아프다. 그러므로 그는 오늘 집에 있다.)
Es regnet stark, trotzdem gehe ich zur Schule.
(비가 심하게 온다. 그럼에도 불구하고 나는 학교에 간다.)
Ich mache die Hausaufgaben, dann gehe ich spazieren.
(나는 과제를 한다. 그 다음에 나는 산책을 할 것이다.)
Meine Freundin ist krank, darum besuche ich sie heute.
(나의 여자 친구가 아프다. 그 때문에 나는 그녀를 오늘 방문할 것이다.)
Er muss jetzt gehen, sonst muss er morgen früh gehen.
(그는 지금 가야만 한다. 그렇지 않으면 그는 내일 일찍 가야 한다.)
Ich habe eine Verabredung, so muss ich jetzt gehen.
(나는 약속이 있다. 그래서 나는 지금 가야만 한다.)

3) 종속 접속사

후치하는 접속사로 주어……+동사의 어순을 취한다.

dass: ~하는 것
als: ~했을 때
wenn: 만약 ~한다면
bevor: ~하기 전에
während: ~하는 동안
nachdem: ~한 후에
ehe: ~하기 전에
sobald: ~하자마자
bis: ~까지

weil: 왜냐하면 ~ 때문에	wie: ~이듯이	als ob: 마치 ~처럼
als wenn: 마치 ~처럼	da: 왜냐하면 ~ 때문에	seitdem: ~한 이래로
damit: ~하기 위해서	so~ dass: 너무 ~해서 ~하다	
ohne dass: ~없이	indem: ~하면서	obwohl: ~임에도 불구하고

Ich musste zu Hause bleiben, weil ich Erkältung hatte.

(나는 집에 있어야 했다. 왜냐하면 감기에 걸렸기 때문이다.)

Er schreibt den Brief, indem er im Zimmer umhergeht.

(그는 방에서 돌아다니며 편지를 쓴다.)

Ich gehe zur Schule, obwohl es stark regnet.

(비가 심하게 오는데도 불구하고 나는 학교에 간다.)

Ich lerne Deutsch, ohne dass ich ein deutsches Buch kaufe.

(나는 독일어 책을 사지 않고 독일어를 배운다.)

Der Bus fuhr so schnell, dass wir zur Zeit kamen.

(버스가 너무 빨리 달려서 우리들은 시간 안에 왔다.)

Ich machte zuerst die Hausaufgaben, damit ich einen Spaziergang mache.

(나는 산책하기 위해서 우선 과제를 했다.)

Nachdem der Zug abgefahren war, regnete es stark.

(기차가 출발한 이후에 비가 심하게 왔다.)

* nachdem이 있는 문장에서는 시제가 하나 앞서는 점에 주의한다.

Während der Krieg ist, schweigen die Gesetze.

(전쟁이 있는 동안에 법은 침묵한다.)

* während는 2격 지배 전치사로서도 사용된다. 예를 들어서 Während des Krieges schweigen die Gesetze.(전쟁 기간 동안에 법은 침묵한다.)

Sobald der Professor kam, begann die Vorlesung.

(교수님이 오시자마자 강의가 시작되었다.)

Als ich ankam, begann der Unterricht.
(내가 도착했을 때 수업이 시작되었다.)

* als가 있는 문장은 항상 과거 시제를 쓰며 과거 1회의 동작을 의미한다.

Wenn ich dich besuche, gebe ich dir das Buch zurück.
(내가 너를 방문한다면 나는 너에게 그 책을 돌려줄 것이다.)

* wenn이 있는 문장은 항상 현재나 미래 시제를 쓰며 1회의 동작이나 반복적인 사건을 의미한다.

4) 상관 접속사

정치 또는 도치하는 접속사이다.

weder~ noch: ~도 ~도 아니다
zwar~ aber: 사실은 ~이지만, 그러나
sowohl~ als: ~도 ~도
kaum~ als: ~하자마자 ~하다
nicht nur~ sondern auch: ~일 뿐만 아니라 ~도
bald~ bald: 때로는 ~때로는
entweder~ oder: ~이거나 혹은
nicht~ vielmehr: ~이 아니고 오히려

Du sprichst weder Englisch noch Französisch.
(너는 영어도 불어도 못한다.)
Ich fahre bald nach Berlin, bald nach Frankfurt.
(나는 때로는 베를린에 가고 때로는 프랑크푸르트에 간다.)
Zwar bin ich krank, aber ich gehe zur Schule.
(사실 나는 아프지만 학교에 간다.)
Ich bin immer entweder zu Hause oder im Büro.
(나는 항상 집에 있거나 사무실에 있다.)
Sowohl sein Vater als seine Mutter sind Ausländer.
(그의 아버지도 어머니도 외국인이시다.)

Ich habe das Buch nicht nur gesehen, sondern auch gelesen.

(나는 그 책을 보았을 뿐만 아니라 읽었다.)

Kaum habe ich im Theater Platz genommen, als das Licht ausging.

(내가 극장에서 자리에 앉자마자 불이 꺼졌다.)

【Übungen】

1. 보기에서 알맞은 대등 접속사를 선택하여 쓰시오.

보기: aber. sondern, denn, oder, und

(1) Inge geht in die Universität, (   ) Hans bleibt zu Hause.
(2) Sie ging nicht zur Schule, (   ) sie war sehr krank.
(3) Ich gehe nicht zu ihm, (   ) er kommt zu mir.
(4) Hans (   ) Inge besucht dich jetzt.
(5) Hans (   ) Inge fahren mit der U-Bahn.

2. 보기에서 알맞은 부사적 접속사를 선택하여 쓰시오.

보기: trotzdem, darum, sonst, dann

(1) Es regnet stark, (   ) gehe ich zur Schule.
(2) Ich mache die Hausaufgaben, (   ) gehe ich spazieren.
(3) Meine Freundin ist krank, (   ) besuche ich sie heute.
(4) Er muss jetzt gehen, (   ) muss er morgen früh gehen.

3. 보기에서 알맞은 종속 접속사를 선택하여 쓰시오. (중복 가능)

보기: indem, dass, damit, nachdem, als, weil, während, wenn

(1) Ich musste zu Hause bleiben, (   ) ich Erkältung hatte.

(2) Er schreibt den Brief, (   ) er im Zimmer umhergeht.

(3) Der Bus fuhr so schnell, (   ) wir zur Zeit kamen.

(4) Ich machte zuerst die Hausaufgaben, (   ) ich einen Spaziergang mache.

(5) (   ) der Zug abgefahren war, regnete es stark.

(6) (   ) der Krieg ist, schweigen die Gesetze.

(7) (   ) ich ankam, begann der Unterricht.

(8) (   ) ich dich besuche, gebe ich dir das Buch zurück.

(9) Ich lerne Deutsch, ohne (   ) ich ein deutsches Buch kaufe.

(10) Er geht zum Arzt, (   ) er krank ist.

4. 다음 (   ) 안에 알맞은 접속사를 쓰시오.

(1) Du sprichst weder Englisch (   ) Französisch.

(2) Ich fahre bald nach Berlin, (   ) nach Frankfurt.

(3) Zwar bin ich krank, (   ) ich gehe zur Schule.

(4) Ich bin immer entweder zu Hause (   ) im Büro.

(5) Sowohl sein Vater (   ) seine Mutter sind Ausländer.

(6) Ich habe das Buch nicht nur gesehen, (   ) auch gelesen.

(7) Kaum habe ich im Theater Platz genommen, (   ) das Licht ausging.

23. 지시 대명사(Das Demonstrativpronomen)

1) 지시 대명사 das

das는 지시대명사로서 '이것은, 또는 이 사람은'의 뜻으로 쓰인다.

Was ist das?(이것은 무엇입니까?)

⇒ Das ist ein Buch.(이것은 책입니다.)
⇒ Das ist ein Bild.(이것은 그림입니다.)
⇒ Das ist eine Tafel.(이것은 칠판입니다.)
⇒ Das ist eine Brille.(이것은 안경입니다.)
⇒ Das ist ein Kuli.(이것은 볼펜입니다.)
⇒ Das ist eine Tasche.(이것은 가방입니다.)
⇒ Das ist ein Heft.(이것은 공책입니다.)

Wer ist das?(이 사람은 누구입니까?)

⇒ Das ist Hans.(이 사람은 한스입니다.)
⇒ Das sind meine Eltern.(이 분은 나의 부모님입니다.)

* 여기서 실제적인 주어는 meine Eltern이므로 복수로서 동사는 sind가 온다.

⇒ Das sind Herr und Frau Meier.(이 분은 마이어 씨 부부입니다.)

* 여기서 실제적인 주어는 Herr und Frau Meier이므로 복수로서 동사는 sind가 온다.

⇒ Das ist mein Vater.(이 분은 나의 아버지입니다.)

⇒ Das ist meine Mutter.(이 분은 나의 어머니입니다.)

⇒ Das ist mein Bruder.(이 사람은 나의 남동생입니다.)

⇒ Das ist meine Schwester.(이 사람은 나의 여동생입니다.)

⇒ Das ist mein Onkel.(이 분은 나의 삼촌입니다.)

* Onkel은 삼촌, 아저씨, 작은 아버지, 이모부 등으로 쓰인다.

⇒ Das ist meine Tante.(이 분은 나의 이모입니다.)

* Tante는 아주머니, 이모, 숙모, 고모 등으로 쓰인다.

⇒ Das ist mein Großvater.(이 분은 나의 할아버지입니다.)

⇒ Das ist meine Großmutter.(이 분은 나의 할머니입니다.)

⇒ Das sind Großeltern.(이 분은 나의 조부모님입니다.)

2) 지시 대명사 der, die, das, die(복수)

명사를 대신하여 쓰인다.

격	남성(m.)	여성(f.)	중성(n.)	복수(pl.)
1격(N.)	der	die	das	die
2격(G.)	dessen	deren	dessen	deren(derer)
3격(D.)	dem	der	dem	denen
4격(A.)	den	die	das	die

남성 1격: Es war einmal ein König, der hatte zwei schöne Töchter.
(옛날에 한 임금이 있었는데 그는 아름다운 두 딸이 있었다.)

여성 2격: Ich habe meine Lehrerin und deren Tochter gesehen.
(나는 나의 여선생님과 여선생님의 딸을 보았다.)

중성 3격: Fahren Sie mit dem Kind nach Bonn? Ja, mit dem fahre ich nach Bonn.
(당신은 아이와 함께 본으로 갑니까? 예, 나는 그 아이와 함께 본으로 갑니다.)
복수 4격: Kennen Sie diese Studentinnen? Ja, die kenne ich gut.
(당신은 이 여대생들을 아십니까? 예, 나는 그들을 잘 압니다.)

3) 지시 대명사 dies, jen

지시 대명사 dies와 jen은 정관사 어미변화를 하며 부가어적 용법과 명사적 용법으로 쓰인다.

격	남성(m.)	여성(f.)	중성(n.)	복수(pl.)
1격(N.)	der	die	das	die
2격(G.)	des	der	des	der
3격(D.)	dem	der	dem	den
4격(A.)	den	die	das	die

따라서 dies와 jen은 다음과 같이 어미변화를 한다.

격	남성(m.)	여성(f.)	중성(n.)	복수(pl.)
1격(N.)	dieser	diese	dieses as → es	diese
2격(G.)	dieses	dieser	dieses	dieser
3격(D.)	diesem	dieser	diesem	diesen
4격(A.)	diesen	diese	dieses as → es	diese

격	남성(m.)	여성(f.)	중성(n.)	복수(pl.)
1격(N.)	jener	jene	jenes	jene
2격(G.)	jenes	jener	jenes	jener
3격(D.)	jenem	jener	jenem	jenen
4격(A.)	jenen	jene	jenes	jene

남성 1격: Dieser Student ist freundlich, aber jener Student ist unfreundlich.
(이 대학생은 친절하다. 그러나 저 대학생은 불친절하다.)

여성 1격: Diese Frau ist groß, aber jene Frau ist klein.
(이 부인은 크다. 그러나 저 부인은 작다.)

명사를 대용하는 1격 :

Ich habe einen Bruder und eine Schwester. Jener ist freundlicher als diese.
(나는 남동생과 여동생이 있다. 남동생(전자)이 여동생(후자)보다 더 친절하다.)

4) 지시 대명사 solch

지시 대명사 solch는 정관사 어미변화를 한다.

격	남성(m.)	여성(f.)	중성(n.)	복수(pl.)
1격(N.)	solcher	solche	solches	solche
2격(G.)	solches	solcher	solches	solcher
3격(D.)	solchem	solcher	solchem	solchen
4격(A.)	solchen	solche	solches	solche

중성 4격: Ich habe das Märchen gelesen. Wann haben Sie solches Buch gelesen?(나는 동화를 읽었다. 당신은 언제 그러한 책을 읽었습니까?)

5) 지시 대명사 derselbe, dieselbe, dasselbe, dieselben

derselbe는 영어의 'the same'의 뜻을 의미하며 der는 정관사 변화, selb는 형용사 약변화를 한다.

격	남성(m.)	여성(f.)	중성(n.)	복수(pl.)
1격(N.)	derselbe	dieselbe	dasselbe	dieselben
2격(G.)	desselben	derselben	desselben	derselben
3격(D.)	demselben	derselben	demselben	denselben
4격(A.)	denselben	dieselbe	dasselbe	dieselben

남성 4격: Er trägt immer denselben Mantel wie sein Freund.
(그는 그의 친구와 같이 항상 똑같은 외투를 입는다.)
중성 4격: Sie hat das rote Kleid, und Ich habe auch dasselbe.
(그녀는 빨간 옷이 있고 나도 역시 똑같은 옷이 있다.)

6) 지시 대명사 derjenige, diejenige, dasjenige, diejenigen

derjenige는 지시 대명사 der형과 같이 '그~, 저~'를 의미하며 der는 정관사 변화를 하고 jeinge는 형용사 약변화를 한다.

격	남성(m.)	여성(f.)	중성(n.)	복수(pl.)
1격(N.)	derjenige	diejenige	dasjenige	diejenigen
2격(G.)	desjenigen	derjenigen	desjenigen	derjenigen
3격(D.)	demjenigen	derjenigen	demjenigen	denjenigen
4격(A.)	denjenigen	diejenige	dasjenige	diejenigen

여성 1격: Diejenige Studentin, die fleißig studiert, wohnt in Busan.
(열심히 공부하는 그 여대생은 부산에 산다.)

남성 1격과 복수 4격:
Einmal lebte ein König. Derjenige hatte zwei Söhne und liebte diejenigen.
(옛날에 한 왕이 살았다. 그 왕은 두 명의 아들이 있었고 그들을 사랑했다.)

7) 지시 대명사 der eine, der andere

der eine, der andere의 의미는 '하나는~ 다른 하나는~ '의 의미를 갖는다. 이때 der는 정관사 변화를 하고 ein과 ander는 형용사 약변화를 한다.

Ich habe zwei Freunde in Deutschland; der eine ist in Frankfurt, und der andere in Berlin.
(나는 독일에 두 명의 친구가 있다. 한 친구는 프랑크푸르트에 있고 다른 한 친구는 베를린에 있다.)
Ich kaufte zwei Bücher; das eine ist deutsches Buch, und das andere englisches Buch.
(나는 두 권의 책을 샀다. 한 권은 독일어 책이고 다른 한 권은 영어 책이다.)

【Übungen】

1. 다음 지시 대명사를 격 변화시키시오.

(1)

격	남성(m.)	여성(f.)	중성(n.)	복수(pl.)
1격(N.)	der			
2격(G.)				
3격(D.)				
4격(A.)				

(2)

격	남성(m.)	여성(f.)	중성(n.)	복수(pl.)
1격(N.)	dieser			
2격(G.)				
3격(D.)				
4격(A.)				

(3)

격	남성(m.)	여성(f.)	중성(n.)	복수(pl.)
1격(N.)	jener			
2격(G.)				
3격(D.)				
4격(A.)				

(4)

격	남성(m.)	여성(f.)	중성(n.)	복수(pl.)
1격(N.)	solcher			
2격(G.)				
3격(D.)				
4격(A.)				

(5)

격	남성(m.)	여성(f.)	중성(n.)	복수(pl.)
1격(N.)	derselbe			
2격(G.)				
3격(D.)				
4격(A.)				

(6)

격	남성(m.)	여성(f.)	중성(n.)	복수(pl.)
1격(N.)	derjenige			
2격(G.)				
3격(D.)				
4격(A.)				

2. 다음 (　　　) 안에 알맞은 정관사형 지시 대명사를 쓰시오.

(1) Es war einmal ein König, (　　) hatte zwei schöne Töchter.

(2) Ich habe meine Lehrerin und (　　) Tochter gesehen.

(3) Fahren Sie mit dem Kind nach Bonn? Ja, mit (　) fahre ich nach Bonn.

(4) Kennen Sie diese Studentinnen? Ja, (　　) kenne ich gut.

3. 밑줄 친 곳에 알맞은 어미를 쓰시오.

(1) Dieser Student ist freundlich, aber jen__ Student ist unfreundlich.
(2) Ich habe einen Bruder und eine Schwester.
Jen__ ist freundlicher als dies__.

4. solch를 알맞게 넣으시오.

Ich habe das Märchen gelesen. Wann haben Sie (   ) Buch gelesen?

5. derselbe 형을 알맞게 쓰시오.

(1) Er trägt immer (   ) Mantel wie sein Freund.
(2) Sie hat das rote Kleid, und Ich habe auch (   ).

24. 부정법(Der Infinitiv)

부정법은 현재 인칭 변화를 하지 않는 동사원형을 의미한다. 문장에서 지각동사, 사역동사, gehen, 화법조동사, werden과 같은 동사들이 있을 경우 문장 맨 끝에 zu 없는 동사원형을 쓴다. zu+동사원형은 주어와 목적어로 쓰일 경우, um~ zu+동사원형과 관용적인 용법에 쓰인다.

1) zu 없는 부정법

지각동사, 사역동사, gehen, 화법조동사, 미래를 나타내는 조동사가 있는 경우 문장 맨 끝에 동사원형을 취한다.

(1) 지각동사

sehen, hören, fühlen, spüren

Sie sieht die U-Bahn wegfahren.(그녀는 지하철이 떠나는 것을 본다.)
Ich höre meine Schwester singen.
(나는 나의 여동생이 노래하는 것을 듣는다.)

(2) 사역동사

lassen, lehren, lernen, helfen, machen, finden

Die Professorin ließ die Studenten eine Hausarbeit schreiben.
(여 교수님이 대학생들에게 과제를 기록해 오도록 했다.)
Ich helfe meiner Mutter arbeiten.(나는 나의 어머니가 일하시는 것을 돕는다.)

(3) 다음과 같은 동사들이 오는 경우

gehen, kommen, bleiben, fahren, stehen, führen, liegen, schicken, senden

Nach dem Unterricht geht der Lehrer einkaufen.
(수업 후 선생님은 쇼핑하러 나가신다.)
Kommst du mit ihm Tennis spielen?
(너는 그와 함께 테니스를 치러 올 거니?)

(4) 화법조동사

können, möchten, mögen, wollen, müssen, dürfen, sollen

Ich muss am Montag zu Hause bleiben.(나는 월요일에 집에 있어야만 한다.)
Ich will Chemie studieren.(나는 화학을 공부할 것이다.)

(5) 미래를 나타내는 조동사 werden

werden

Ich werde nächstes Jahr nach Deutschland fahren.
(나는 내년에 독일에 갈 것이다.)
Ich werde zuerst das Buch kaufen.(나는 우선 책을 살 것이다.)

2) zu+동사원형

(1) 목적어로 쓰이는 경우

Ich habe versprochen zu kommen.(나는 오기로 약속했다.)
Mina schlägt Hanna vor, in Deutschland zusammen zu studieren.
(미나는 한나에게 독일에서 같이 공부할 것을 제안한다.)

(2) um~ zu+동사원형

Hanna spart Geld, um nach Deutschland zu fahren.
(한나는 독일에 가기 위해서 돈을 절약한다.)
Die Studenten trafen sich, um die Hausaufgaben zu machen.
(대학생들이 과제를 하기 위해서 만났다.)

(3) 주어로 쓰이는 경우

Viele Zigaretten zu rauchen schadet der Gesundheit.
(담배를 많이 피우는 것은 건강에 해롭다.)

3) 관용적인 zu+동사원형

Um es kurz zu sagen, er ist fleißig.(간단히 말해서 그는 부지런하다.)
Um offen zu sagen, ich habe kein Geld.(솔직히 말해서 나는 돈이 없다.)
Ich habe Lust, mal sein Wohnhaus in Berlin zu besichtigen.
(나는 베를린에 있는 그의 저택을 구경하고 싶다.)
Du brauchst morgen nicht zu arbeiten.(너는 내일 일할 필요가 없다.)
Die Stadt hat viel zu bieten.(그 도시는 많은 것을 제공함에 틀림없다.)
Er pflegt bis spät zu arbeiten.(그는 늦게까지 일하곤 한다.)
Ich bin imstande, morgen früh aufzustehen.
(나는 내일 일찍 일어날 수 있다.)
Ich war im Begriff aufzustehen.(나는 막 일어나려고 했다.)
Ich kam mit ihm zu reisen.(나는 우연히 그와 함께 여행하게 되었다.)
Sie vermögen mich nicht zu verhindern.(당신은 나를 방해할 수 없다.)
Es gilt zu siegen oder zu sterben.(승리 아니면 죽음이 있을 뿐이다)
: gelten zu+동사원형: ~이 중요하다
Deine Aussprache ist gut zu verstehen.(너의 발음은 잘 이해될 수 있다.)

【Übungen】

1. 밑줄인 곳에 zu 없는 동사원형 혹은 zu+동사원형을 쓰시오.

(1) Wir hören die Mutter ________. (sprechen)

(2) Du siehst Hanna im Büro ________. (arbeiten)

(3) Sie pflegt bis in die Nacht ________. (arbeiten)

(4) Es ist Zeit ________. (arbeiten)

(5) Ich habe versprochen ________. (kommen)

(6) Mina schlägt Hanna vor, in Deutschland zusammen ________. (studieren)

(7) Hanna spart Geld, um nach Deutschland ________. (fahren)

(8) Die Professorin ließ die Studenten eine Hausarbeit ________. (schreiben)

(9) Kommst du mit ihm Tennis ________? (spielen)

(10) Ich muss am Montag zu Hause ________. (bleiben)

(11) Ich werde nächstes Jahr nach Deutschland ________. (fahren)

(12) Viele Zigaretten ________ schadet der Gesundheit. (rauchen)

(13) Um es kurz ________, er ist fleißig. (sagen)

(14) Ich habe Lust, mal sein Wohnhaus in Berlin ________. (besichtigen)

(15) Du brauchst morgen nicht ________. (arbeiten)

2. 다음 문장을 우리말로 옮기시오.

(1) Um offen zu sagen, ich habe kein Geld.
(2) Ich bin imstande, morgen früh aufzustehen.
(3) Ich war im Begriff aufzustehen.
(4) Ich kam mit ihm zu reisen.
(5) Sie vermögen mich nicht zu verhindern.
(6) Es gilt zu siegen oder zu sterben.
(7) Deine Aussprache ist gut zu verstehen.

25. 수동태(Das Passiv)

주어가 동작을 직접 행하는 형태를 능동태라고 하고, 주어가 어떤 것으로 인해서 동작 되어지는 형태를 수동태라 한다.

1) 수동태의 규칙과 기본 구조

수동태를 만들 경우 다음과 같은 규칙이 적용되며 기본 구조는 다음과 같다.

(1) 수동태의 규칙

타동사인 경우	* 능동문의 4격 목적어는 수동문에서 주어가 된다. * 능동문의 주어는 수동문에서 von+3격, durch+4격, mit+3격으로 된다. * 능동문의 동사는 수동문에서 werden……+과거분사(p.p)로 된다. * 능동문의 주어가 일반인 주어 man일 경우 수동문에서 생략된다.
자동사인 경우	* 능동문의 2격, 3격, 전치사의 목적어는 그대로 두고 비인칭 주어 es를 쓴다. * 능동문의 주어가 일반인 주어 man일 경우 수동문에서 생략된다.

(2) 수동태의 기본구조

타동사인 경우	* 능동태: Der Lehrer lobt den Schüler. (선생님이 학생을 칭찬한다.) * 수동태: Der Schüler wird von dem Lehrer gelobt. (학생은 선생님에 의해서 칭찬 받는다.)
자동사인 경우	* 능동태: Er glaubt ihr. (그는 그녀를 믿는다.) * 수동태: Es wird ihr von ihm geglaubt. (그녀는 그에 의해 믿어진다.)

2) 능동태와 수동태의 시제

(1) 현재시제의 수동태: werden+……p.p

Ich liebe ihn.(나는 그를 사랑한다.)

⇒ Er wird von mir geliebt.(그는 나에 의해서 사랑 받는다.)

(2) 과거시제의 수동태: wurde+……p.p

Ich liebte ihn.(나는 그를 사랑했다.)

⇒ Er wurde von mir geliebt.(그는 나에 의해서 사랑 받았다.)

(3) 현재완료의 수동태: sein+……+p.p worden

Ich habe ihn geliebt.(나는 그를 사랑했다.)

⇒ Er ist von mir geliebt worden.(그는 나에 의해서 사랑 받았다.)

(4) 과거완료의 수동태: war+……+p.p worden

Ich hatte ihn geliebt.(나는 그를 사랑했었다.)

⇒ Er war von mir geliebt worden.(그는 나에 의해서 사랑 받았었다.)

(5) 미래시제의 수동태: werden+……p.p werden

Ich werde ihn lieben.(나는 그를 사랑할 것이다.)

⇒ Er wird von mir geliebt werden.(그는 나에 의해서 사랑받을 것이다.)

(6) 미래완료의 수동태: werden+……p.p worden sein

Ich werde ihn geliebt haben.(나는 그를 사랑했을 것이다.)

⇒ Er wird von mir geliebt worden sein.(그는 나에 의해서 사랑 받았을 것이다.)

3) 여러 형태의 수동태

수동태는 타동사가 있는 문장에서 만들 수 있다. 그 밖에 다음과 같은 경우도 수동태를 만들 수 있다. 우선 타동사는 두 개의 4격 목적어를 취하는 경우와 주어가 man인 경우에 수동태를 만들 수 있다. 다음으로 자동사는 2격과 3격 지배 동사, 전치사를 요구하는 동사와 주어가 man인 경우에 수동태를 만들 수 있다.

(1) 타동사의 수동태

타동사	능동태	수동태
lehren	Ich lehre dich Deutsch. (나는 너에게 독일어를 가르친다.)	① Deutsch wird dir von mir gelehrt. (이 경우 dich가 dir로 3격이 됨) ② Du wirst Deutsch von mir gelehrt. (이 경우 Deutsch는 4격이 됨)
nennen heißen	Er nennt mich ein Baby. (그는 나를 아기라고 부른다) : ein Baby는 4격임 Er heißt dich einen Bär. (그는 너를 곰이라고 부른다.)	Ich werde von ihm ein Baby genannt. (이 경우 ein Baby는 1격이 됨) Du wirst von ihm ein Bär geheißen. (이 경우 ein Bär는 1격이 됨)
finden	Man fand ihn. (누군가가 그를 발견했다.)	Er wurde gefunden. (수동태에서 man은 생략된다.)

(2) 자동사의 수동태

자동사는 4격 목적어가 없으므로 수동태를 만들 경우 비인칭 주어 es를 쓴다. 자동사의 수동태에서 도치가 되면 es는 생략된다.

자동사	능동태	수동태
gedenken (2격 지배 동사)	Ich gedenke deiner immer. (나는 너를 항상 기억한다.)	① Es wird deiner von mir immer gedacht. ② Immer wird deiner von mir gedacht. (도치될 경우 es는 생략됨)
helfen (3격 지배 동사)	Er hilft mir jetzt. (그가 나를 지금 도와준다.)	① Es wird mir von ihm jetzt geholfen. ② Jetzt wird mir von ihm geholfen. (도치될 경우 es는 생략됨)
warten auf +4격	Ich warte auf meine Mutter. (나는 나의 어머니를 기다린다.)	① Es wird von mir auf meine Mutter gewartet. ② Auf meine Mutter wird von mir gewartet. (도치될 경우 es는 생략됨)
kommen	Man kommt hier. (누군가가 여기에 온다.)	① Es wird hier gekommen. ② Hier wird gekommen. (도치될 경우 es는 생략됨)

4) 행위자를 나타내는 von, durch, mit의 용법

(1) von+3격을 쓰는 경우: 행위자가 사람인 경우

Ich öffnete das Fenster.(나는 창문을 엽니다.): 현재형의 능동태

⇒ Das Fenster wird von mir geöffnet.: 현재형의 수동태

(2) durch+4격: 행위자가 원인이나 간접 수단인 경우

Das Erdbeben hat alle Städte zerstört.

(지진이 모든 도시들을 파괴했다.): 현재완료 능동태

⇒ Alle Städte sind durch das Erdbeben zerstört worden.: 현재완료 수동태

(3) mit+3격: 행위자가 도구나 재료인 경우

Viele Blumen schmückten das Zimmer.

(많은 꽃들이 그 방을 장식했다.): 과거형의 능동태

⇒ Das Zimmer wurde mit vielen Blumen geschmückt.: 과거형의 수동태

5) 화법조동사의 수동태

화법 조동사가 있는 수동태는 항상 문장 맨 끝에 p.p+werden이 된다.

Er muss eine Hausaufgabe machen.(그는 과제를 해야만 한다.)

⇒ Eine Hausaufgabe muss von ihm gemacht werden.

Ich kann Klavier spielen.(나는 피아노를 연주할 수 있다.)

⇒ Klavier kann von mir gespielt werden.

6) 동작 수동태와 상태 수동태의 비교

werden+p.p는 동작 수동, sein+p.p는 상태 수동을 의미한다.

(1) 동작 수동태

Die Tür wird geschlossen.(문이 닫힌다.)

(2) 상태 수동태

Die Tür ist geschlossen.(문이 닫혀져 있다.)

7) 그 밖에 수동의 의미를 지닌 문장들

Man schließt dieses Geschäft um 9 Uhr.(이 가게는 9시에 닫힌다.)

Der Berg bedeckte sich mit Schnee.(산은 눈으로 덮여 있었다.)

Diese Hausaufgabe lässt sich leicht erledigen.(이 과제는 쉽게 해결될 수 있다.)

【Übungen】

1. 능동태를 수동태로 고치시오.

	능동태	수동태
lehren	Ich lehre dich Deutsch.	
nennen	Er nennt mich ein Baby.	
finden	Man fand ihn.	
loben	Sie lobt die Tochter.	
müssen	Ich muss eine Hausaufgabe machen.	

2. 자동사가 있는 문장의 능동태를 수동태로 고치시오.

자동사	능동태	수동태
gedenken	Ich gedenke deiner immer.	
helfen	Er hilft mir jetzt.	
warten	Ich warte auf meine Mutter.	
kommen	Man kommt hier.	

3. 다음 능동태를 시제를 구분하여 수동태로 고치시오.

	능동태	수동태
현재	Ich liebe ihn.	
과거	Ich liebte ihn.	
현재완료	Ich habe ihn geliebt.	
과거완료	Ich hatte ihn geliebt.	
미래	Ich werde ihn lieben.	
미래완료	Ich werde ihn geliebt haben.	

4. (　　　) 안에 알맞은 전치사를 넣으시오.

(1) Das Fenster wird (　　　) mir geöffnet.
(2) Alle Städte sind (　　　) das Erdbeben zerstört worden.
(3) Das Zimmer wurde (　　　) vielen Blumen geschmückt.

5. 다음 문장을 우리말로 옮기시오.

(1) Die Tür wird geschlossen.
(2) Die Tür ist geschlossen.
(3) Der Berg bedeckte sich mit Schnee.
(4) Diese Hausaufgabe lässt sich leicht erledigen.

26. 접속법(Der Konjunktiv)

접속법은 실현 가능성이 있는 문장의 표현인 접속법 Ⅰ식과, 실현 가능성이 없거나 비현실적인 사실, 불확실한 것, 소원, 상상, 의혹, 가정의 표현인 접속법 Ⅱ식이 있다.

1) 접속법의 형태

(1) 접속법 Ⅰ식

접속법 Ⅰ식은 동사원형의 어간에 인칭에 따라 다음과 같이 어미를 붙인다.
(예를 들어서 haben 동사의 경우 hab은 어간, en은 어미라 한다.)

인칭	어미	sein	haben	werden	machen	arbeiten	lieben
ich	-e	sei	habe	werde	mache	arbeite	liebe
du	-est	seiest	habest	werdest	machest	arbeitest	liebest
er/es/sie	-e	sei	habe	werde	mache	arbeite	liebe
wir	-en	seien	haben	werden	machen	arbeiten	lieben
ihr	-et	seiet	habet	werdet	machet	arbeitet	liebet
sie	-en	seien	haben	werden	machen	arbeiten	lieben
Sie	-en	seien	haben	werden	machen	arbeiten	lieben

※ 예외적으로 sein 동사만 ich와 er/es/sie에서 어미 e를 붙이지 않는다.

(2) 접속법 II식

접속법 Ⅱ식은 동사의 과거형에 인칭에 따라 어미를 붙이거나 과거형의 어간을 변 모음화하고 인칭에 따라 어미를 붙인다.

인칭	어미	sein	haben	werden	machen	arbeiten	lieben
ich	-e	wäre	hätte	würde	machte	arbeitete	liebte
du	-est	wärest	hättest	würdest	machtest	arbeitetest	liebtest
er/es/sie	-e	wäre	hätte	würde	machte	arbeitete	liebte
wir	-en	wären	hätten	würden	machten	arbeiteten	liebten
ihr	-et	wäret	hättet	würdet	machtet	arbeitetet	liebtet
sie	-en	wären	hätten	würden	machten	arbeiteten	liebten
Sie	-en	wären	hätten	würden	machten	arbeiteten	liebten

※ sein, haben, wissen, 화법조동사 등의 일부동사를 제외하고는 일반적으로 "würde의 인칭변화형+동사원형"의 형식으로 접속법 Ⅱ식을 사용한다.

2) 접속법 I식, II식의 예문과 시제

시칭	직설법	접속법 I식	접속법 II식
현재	Sie geht. Sie arbeitet.	Sie gehe. Sie arbeite.	Sie ginge. Sie arbeitete.
과거	Sie ging. Sie ist gegangen.	Sie sei gegangen.	Sie wäre gegangen.
	Sie arbeitete. Sie hat gearbeitet.	Sie habe gearbeitet.	Sie hätte gearbeitet.
미래	Sie wird gehen. Sie wird arbeiten.	Sie werde gehen. Sie werde arbeiten.	Sie würde gehen. Sie würde arbeiten.

(1) 접속법 I식의 예문: 간접화법

① 평서문의 간접화법

Sie sagt: "Der Lehrer kommt in die Schule." (현재)

⇒ Sie sagt, der Lehrer komme in die Schule.

(그녀는 선생님이 학교에 오신다고 말한다.)

Sie sagt: "Ich verdiente damals viel Geld." (과거)

⇒ Sie sagt, dass sie damals viel Geld verdient habe.

⇒ Sie sagt, sie habe damals viel Geld verdient.

(그녀는 그 당시에 많은 돈을 벌었다고 말한다.)

② 의문문의 간접화법

의문문이 있는 간접화법을 접속법 I식으로 바꿀 경우, 의문사가 있을 때는 의문사를, 의문사가 없으면 ob을 쓴다.

Er fragt sie: "Wie viel kostet das Buch?" (현재)

⇒ Er fragt sie, wie viel das Buch koste.

(그는 그녀에게 그 책이 얼마인지 질문한다.)

Er fragte sie: "Warst du schon mal in Berlin?" (과거)

⇒ Er fragte sie, ob sie schon mal in Berlin gewesen sei.

(그는 그녀에게 이미 베를린에 있었는지를 질문했다.)

③ 명령문의 간접화법

명령문의 간접화법을 접속법 I식으로 바꿀 경우, 강한 명령문은 sollen, 부드러운 명령이나 원망은 mögen을 쓴다.

Der Angestellte sagt mir: "Wart(e) dort!" (현재)

⇒ Der Angestellte sagt mir, dass ich dort warten solle.

⇒ Der Angestellte sagt mir, ich solle dort warten.

(종업원이 나에게 저기서 기다리라고 말한다.)

Er sagte mir: “Bitte kommen Sie hierher!” (과거)
⇒ Er sagte mir, dass ich zu ihm kommen möge.
⇒ Er sagte mir, ich möge zu ihm kommen.
(그는 나에게 그에게 오라고 말했다.)

(2) 접속법 II식의 예문: 비현실성, 소망, 공손한 표현, 조건문

① 비현실성 조건문

Wenn ich Zeit hätte, käme ich nach Frankfurt. (현재)
(= Weil ich keine Zeit habe, kann ich nach Frankfurt nicht kommen.
(만약 내가 시간이 있다면 프랑크푸르트로 갈 텐데.)

Wenn ich Zeit gehabt hätte, wäre ich nach Frankfurt gekommen. (과거)
(= Weil ich keine Zeit hatte, konnte ich nach Frankfurt nicht kommen.
(만약 내가 시간이 있었다면 프랑크푸르트로 갔을 텐데.)

② 소망과 소망의 조건문

Ich hätte gern ein größtes Auto! (현재)
(내가 가장 큰 자동차를 갖고 있으면 좋겠다.)

Wenn ich länger in Deutschland geblieben wäre! (과거)
(만약 내가 더 오랫동안 독일에 머물렀다면 좋았을 텐데.)

③ 공손한 표현

Könnten Sie mir helfen?(저를 도와주실 수 있으십니까?)
Würden Sie bitte das Fenster schließen?(창문을 닫아 주실 수 있으십니까?)

3) 관용적인 접속법

(1) als ob+접속법 II식: 마치 ~인 것처럼

Sie sieht aus, als ob sie krank wäre.(그녀는 마치 아픈 것처럼 보인다.)

(2) zu+형용사(부사)~ , als dass~ +접속법 II식: 너무 ~해서 ~하지 않다.

Ich habe zu wenig Geld, als dass ich ein Auto kaufen könnte.
(나는 돈이 너무 적어서 자동차를 살 수 없다.)

(3) beinahe, fast, um ein Haar+접속법 II식: 하마터면 ~할 뻔하였다.

Du hättest die Prüfung beinahe nicht bestanden.
(너는 하마터면 시험에 합격하지 못할 뻔하였다.)
Um ein Haar hätte ich mich an der Hand verletzt.
(나는 하마터면 손을 다칠 뻔하였다.)
Der Schüler wäre fast vom Bett gefallen.
(그 학생은 하마터면 침대에서 떨어질 뻔하였다.)

【Übungen】

1. 다음 동사를 접속법 I식 형태로 쓰시오.

인칭	sein	haben	werden	machen	arbeiten	lieben
ich						
du						
er/es/sie						
wir						
ihr						
sie						
Sie						

2. 다음 동사를 접속법 II식 형태로 쓰시오.

인칭	sein	haben	werden	machen	arbeiten	lieben
ich						
du						
er/es/sie						
wir						
ihr						
sie						
Sie						

3. 직설법을 접속법으로 바꾸시오.

시칭	직설법	접속법 I식	접속법 II식
현재	Sie geht.		
과거	Sie ist gegangen.		
	Sie hat gearbeitet.		
미래	Sie wird gehen.		

4. (　　　) 안에 알맞은 동사의 형태를 쓰시오.

(1) Wenn ich gesund wäre, so (　　　) ich glücklich. (sein)

(2) Sie sagt: "Der Lehrer kommt in die Schule."

⇒ Sie sagt, der Lehrer (　　　) in die Schule.

(3) Er fragte sie: "Warst du schon mal in Berlin?"

⇒ Er fragte sie, ob sie schon mal in Berlin (　　　) (　　　).

(4) Der Angestellte sagt mir: "Wart dort!"

⇒ Der Angestellte sagt mir, dass ich dort warten (　　　).

(5) Ich (　　　) die Prüfung beinahe nicht bestanden. (haben)

(6) (　　　) Sie mir helfen? (können)

(7) Er sieht aus, als ob er krank (　　　). (sein)

(8) Ich habe zu wenig Geld, als dass ich ein Auto kaufen (　　　). (können)

(9) Sie spricht Deutsch sehr gut wie eine Deutsche.

Sie spricht Deutsch sehr gut, als ob sie eine Deutsche (　　　).

(10) Weil du kein Geld hast, kannst du es mir nicht geben.

Wenn du das Geld (　　　), (　　　) du es mir.

【불규칙 동사의 변화표】

부정형	현 재	과 거	과거분사
backen (빵·과자를)굽다	du bäckst er bäckt	buk (backte)	gebacken
beginnen 시작하다		begann	begonnen
bewegen (무엇을)움직이다		beweg	bewogen
biegen 굽히다		bog	gebogen
bieten 제공하다		bot	geboten
binden 맺다		band	gebunden
bitten 청하다		bat	gebeten
bleiben 머무르다		blieb	geblieben
braten 굽다	du brätst er brät	briet	gebraten
brechen 깨다	du brichst er bricht	brach	gebrochen
brennen (불) 타다		brannte	gebrannt
bringen 가져오다		brachte	gebracht
denken 생각하다		dachte	gedacht
dürfen …해도 좋다	ich darf du darfst er darf	durfte	gedurft
empfehlen 추천하다	du empfiehlst er empfiehlt	empfahl	empfohlen

부정형	현 재	과 거	과거분사
essen 먹다	du ißt er ißt	aß	gegessen
fahren 타고가다	du fährst er fährt	fuhr	gefahren
fallen 떨어지다	du fällst er fällt	fiel	gefallen
fangen 붙잡다	du fängst er fängt	fing	gefangen
finden 발견하다		fand	gefunden
fliegen 날다		flog	geflogen
fliehen 달아나다		floh	geflohen
fließen 흐르다	du fließ[es]t er fließt	floß	geflossen
fressen (동물이) 먹다	du frißt(frisset) er frißt	fraß	gefressen
frieren 얼다		fror	gefroren
gebären 낳다	du gebierst er gebiert	gebar	geboren
geben 주다	du gibst er gibt	gab	gegeben
gefallen 마음에 들다	es gefällt	gefiel	gefallen
gehen 가다	du gehst er geht	ging	gegangen
gelten 가치가 있다	du gilst er gilt	galt	gegolten
geschehen 발생하다	es geschiet	geschah	geschehen

부정형	현 재	과 거	과거분사
gewinnen 얻다		gewann	gewonnen
gleichen 같다		glich	geglichen
gießen (물을) 붓다	du gieß[es]t er gießt	goß	gegossen
graben 파다	du gräbst er gräbt	grub	gegraben
greifen 잡다, 쥐다		griff	gegriffen
haben 가지고 있다	du hast er hat	hatte	gehabt
halten 유지하다	du hältst er hält	hielt	gehalten
hängen 걸려 있다	du hängst er hängt	hing	gehangen
heißen …라고 불리우다	du heiß[es]t er heißt	hieß	geheißen
helfen 돕다	du hilfst er hilft	half	geholfen
kennen 알다		kannte	gekannt
klingen (소리가) 울리다		klang	geklungen
kommen 오다		kam	gekommen
können …할 수 있다	ich kann du kannst er kann	konnte	gekonnt
laden (짐을) 싣다	du lädst er lädt	lud	geladen
lassen …하게 하다	du läßt(lässest) er läßt	ließ	gelassen

부정형	현 재	과 거	과거분사
laufen 뛰다	du läufst er läuft	lief	gelaufen
leihen 빌려주다		lieh	geleihen
lesen 읽다	du liest er liest	las	gelesen
liegen 놓여있다		lag	gelegen
lügen 거짓말하다		log	gelogen
mögen 좋아하다	ich mag du magst er mag	mochte	gemocht
müssen …해야 한다	ich muß du mußt er muß	mußte	gemußt
nehmen 잡다	du nimmst	nahm	genommen
nennen 명명하다		nannte	genannt
preisen 칭찬하다	du preis[es]t er preist	pries	gepriesen
raten 충고하다	du rätst er rät	riet	geraten
reiben 문지르다		rieb	gerieben
reißen 찢다		riß	gerissen
reiten 말타다		ritt	geritten
rennen 달리다		rannte	gerannt

부정형	현 재	과 거	과거분사
riechen 냄새나다		roch	gerochen
rufen 부르다		rief	gerufen
saufen (동물이) 마시다	du säufst er säuft	soff	gesoffen
schaffen 창조하다		schuf	geschaffen
scheiden 나누다		schied	geschieden
scheinen 빛나다		schien	geschienen
schieben 밀다		schob	geschoben
schießen 쏘다	du schieß[es]t er schießt	schoß	geschossen
schlafen 자다	du schläfst er schläft	schlief	geschlafen
schlagen 치다	du schlägst er schlägt	schlug	geschlagen
schließen 닫다	du schließ[es]t er schließt	schloß	geschlossen
schlingen 휘감다		schlang	geschlungen
schneiden 자르다		schnitt	geschnitten
schreiben 쓰다		schrieb	geschrieben
schreien 외치다		schrie	geschrie[e]n
schweigen 침묵하다		schwieg	geschwiegen

부정형	현 재	과 거	과거분사
schwimmen 헤엄치다		schwamm	geschwommen
schwinden 사라지다		schwand	geschwunden
sehen 보다	du siehst er sieht	sah	gesehen
sein 있다, …이다	ich bin du bist er ist	war	gewesen
senden 보내다		sandte (sandete)	gesendet
singen 노래하다		sang	gesungen
sinken 가라앉다		sank	gesunken
sinnen 곰곰히 생각하다		sann	gesonnen
sitzen 앉아 있다	du sitz[es]t er sitzt	saß	gesessen
sollen …해야한다	ich soll du sollst er soll	sollte	gesollt
sprechen 말하다	du sprichst er spricht	sprach	gesprochen
springen 뛰다, 튀다		sprang	gesprungen
stehen 서있다		stand	gestanden
stehlen 훔치다	du stiehlst er stiehlt	stahl	gestohlen
steigen 오르다		stieg	gestiegen

부정형	현 재	과 거	과거분사
sterben 죽다	du stirbst er stirbt	starb	gestorben
streiten 다투다		stritt	gestritten
tragen 운반하다	du trägst er trägt	trug	getragen
treffen 맞추다	du triffst er trifft	traf	getroffen
treiben 쫓다		trieb	getrieben
treten 밟다	du trittst er tritt	trat	getreten
trinken 마시다		trank	getrunken
tun 하다	du tust er tut	tat	getan
verbieten 금지하다		verbot	verboten
verderben 썩다	du verdirbst er verdirbt	verdarb	verdorben
vergessen 잊다	du vergißt (vergissest) er vergißt	vergaß	vergessen
verlieren 잃다		verlor	verloren
verzeihen 용서하다		verzieh	verziehen
wachsen 자라다	du wächs[es]t er wächst	wuchs	gewachsen
waschen 씻다	du wäsch[e]st er wäscht	wusch	gewaschen
weichen 물러나다		wich	gewichen

부정형	현 재	과 거	과거분사
wenden 돌리다	du wendest er wendet	wandt	gewandt
werben 선전하다	du wirbst er wirbt	warb	geworben
werden 되다	du wirst er wird	wurde	geworden
werfen 던지다	du wirfst er wirft	warf	geworfen
wiegen 무게가 …이다		wog	gewogen
wissen 알고 있다	ich weiß du weißt er weiß	wusste	gewußt
wollen …하려고 하다	ich will du willst er will	wollte	gewollt
ziehen 끌다		zog	gezogen
zwingen 강요하다		zwang	gezwungen

【해 답 편】

1. 독일어 발음

1. (1) ③ (2) ① (3) ② (4) ④ (5) ③ (6) ① (7) ① (8) ④ (9) ①
2. (1) ③ (2) ④ (3) ① (4) ② (5) ④ (6) ③ (7) ① (8) ④ (9) ④
3. (1) ③ (2) ③ (3) ③ (4) ③
4. (1) ② (2) ③ (3) ④ (4) ① (5) ④ (6) ③

2. 명사의 성

1. (1) der, der
   (2) das, die
   (3) die, der
   (4) das, die
   (5) die, die
   (6) der, das

2. (1) Lehrer(선생님들)
   (2) Ärzte(의사들)
   (3) Studenten(대학생들)
   (4) Kinder(어린아이들)
   (5) Lehrerinnen(여선생님들)
   (6) Journalisten(신문기자들)
   (7) Sänger(가수들)
   (8) Studenten(대학생들)

3. (1)

수	격	der Bruder	der Lehrer
단수	1격(N.)	der Bruder	der Lehrer
	2격(G.)	des Bruders	des Lehrers
	3격(D.)	dem Bruder	dem Lehrer
	4격(A.)	den Bruder	den Lehrer
복수	1격(N.)	die Brüder	die Lehrer
	2격(G.)	der Brüder	der Lehrer
	3격(D.)	den Brüdern	den Lehrern
	4격(A.)	die Brüder	die Lehrer

(2)

수	격	der Gast	das Tier
단수	1격(N.)	der Gast	das Tier
	2격(G.)	des Gastes	des Tier(e)s
	3격(D.)	dem Gast	dem Tier
	4격(A.)	den Gast	das Tier
복수	1격(N.)	die Gäste	die Tiere
	2격(G.)	der Gäste	der Tiere
	3격(D.)	den Gästen	den Tieren
	4격(A.)	die Gäste	die Tiere

(3)

수	격	der Mann	das Buch
단수	1격(N.)	der Mann	das Buch
	2격(G.)	des Mannes	des Buch(e)s
	3격(D.)	dem Mann	dem Buch
	4격(A.)	den Mann	das Buch
복수	1격(N.)	die Männer	die Bücher
	2격(G.)	der Männer	der Bücher
	3격(D.)	den Männern	den Büchern
	4격(A.)	die Männer	die Bücher

(4)

수	격	der Mensch	die Frau
단수	1격(N.)	der Mensch	die Frau
	2격(G.)	des Menschen	der Frau
	3격(D.)	dem Menschen	der Frau
	4격(A.)	den Menschen	die Frau
복수	1격(N.)	die Menschen	die Frauen
	2격(G.)	der Menschen	der Frauen
	3격(D.)	den Menschen	den Frauen
	4격(A.)	die Menschen	die Frauen

(5)

수	격	der Nachbar	der Bauer
단수	1격(N.)	der Nachbar	der Bauer
	2격(G.)	des Nachbars	des Bauers
	3격(D.)	dem Nachbar	dem Bauer
	4격(A.)	den Nachbar	den Bauer
복수	1격(N.)	die Nachbarn	die Bauern
	2격(G.)	der Nachbarn	der Bauern
	3격(D.)	den Nachbarn	den Bauern
	4격(A.)	die Nachbarn	die Bauern

(6)

수	격	der Herr	das Herz
단수	1격(N.)	der Herr	das Herz
	2격(G.)	des Herrn	des Herzens
	3격(D.)	dem Herrn	dem Herzen
	4격(A.)	den Herrn	das Herz
복수	1격(N.)	die Herren	die Herzen
	2격(G.)	der Herren	der Herzen
	3격(D.)	den Herren	den Herzen
	4격(A.)	die Herren	die Herzen

(7)

수	격	der Name
단수	1격(N.)	der Name
	2격(G.)	des Namens
	3격(D.)	dem Namen
	4격(A.)	den Namen
복수	1격(N.)	die Namen
	2격(G.)	der Namen
	3격(D.)	den Namen
	4격(A.)	die Namen

(8)

수	격	der Kaufmann
단수	1격(N.)	der Kaufmann
	2격(G.)	des Kaufmanns
	3격(D.)	dem Kaufmann
	4격(A.)	den Kaufmann
복수	1격(N.)	die Kaufleute
	2격(G.)	der Kaufleute
	3격(D.)	den Kaufleuten
	4격(A.)	die Kaufleute

(9)

수	격	das Auto
단수	1격(N.)	das Auto
	2격(G.)	des Autos
	3격(D.)	dem Auto
	4격(A.)	das Auto
복수	1격(N.)	die Autos
	2격(G.)	der Autos
	3격(D.)	den Autos
	4격(A.)	die Autos

3. 정관사와 부정관사

1. (1) der, die
   (2) die, der
   (3) die, der
   (4) die, der
   (5) das, der
   (6) der, das
   (7) die (Familie 가족은 여성이다), das
   (8) der, das (das Geschwister 형제는 단수와 복수의 형태가 같다.)
   (9) die, die
   (10) die, der

2. (1) ein(남성), eine
   (2) eine, ein(남성)
   (3) eine, ein(남성)
   (4) eine, ein(남성)
   (5) ein(중성), ein(남성)
   (6) ein(남성), ein(중성)
   (7) eine, ein(중성)
   (8) ein(남성), ein(중성)
   (9) eine, eine
   (10) eine, ein(남성)

3. (1) 남성 3격: dem
   (2) 남성 3격: dem
   (3) 중성 4격: das
   (4) 남성 4격: den
   (5) 여성 3격, 중성 4격: der, das
   (6) 남성 4격: den
   (7) 중성 4격: das
   (8) 여성 3격: der
   (9) 남성 4격: den
   (10) 여성 3격: der

4. (1) 남성 1격, 여성 1격: 부정관사 어미변화 __, e
   (2) 여성 1격: 부정관사 어미변화 e
   (3) 남성 4격: 부정관사 어미변화 en
   (4) 여성 1격: 부정관사 어미변화 e
   (5) 여성 3격: 부정관사 어미변화 er
   (6) 여성 1격: 정관사 어미변화 e
   (7) 남성 1격, 남성 3격: 정관사 어미변화 er, em
   (8) 남성 1격: 정관사 어미변화 er
   (9) 남성 1격: 정관사 어미변화 er
   (10) 중성 2격: 정관사 어미변화 es

4. 인칭대명사와 격

1.

수	격	1인칭	2인칭		3인칭		
단수	1격	ich	du	Sie(경칭)	er	es	sie
	2격	meiner	deiner	Ihrer	seiner	seiner	ihrer
	3격	mir	dir	Ihnen	ihm	ihm	ihr
	4격	mich	dich	Sie	ihn	es	sie
복수	1격	wir	ihr	Sie(경칭)	sie		
	2격	unser	euer	Ihrer	ihrer		
	3격	uns	euch	Ihnen	ihnen		
	4격	uns	euch	Sie	sie		

2. (1) Ich
   (2) Wir, Sie(복수 혹은 경칭)
   (3) bedürftig+2격: meiner
   (4) Sie의 3격: Ihnen
   (5) du의 3격: dir
   (6) du의 3격: dir
   (7) du의 3격: mit+3격이므로 dir
   (8) er의 4격: besuchen+4격이므로 ihn
   (9) ihr의 4격: euch
   (10) du의 4격: für+4격이므로 dich

3. (1) 남성 4격: ihn
   (2) 남성 4격: warten auf+4격이므로 ihn
   (3) 남성 3격: mit+3격이므로 ihm

4. (1) 남성 3격: ihm, 중성 4격: es, 대명사+대명사는 4격+3격이므로 es ihm
   (2) Sie의 3격: es geht+3격이므로 Ihnen
   (3) ich의 3격: gehören+3격이므로 mir
   (4) ich의 3격: ähnlich+3격이므로 mir
   (5) du의 4격: fragen+4격이므로 dich

5. (1) 전치사+사물: darauf
   (2) 전치사+사물에 대한 의문문으로 Worauf
   (3) 전치사+사람에 대한 의문문으로 Auf wen
   (4) 전치사+사람에 대한 의문문으로 Mit wem

5. 동사의 현재 인칭 변화

1. (1)

인칭	kommen	wohnen	lernen
ich	komme	wohne	lerne
du	kommst	wohnst	lernst
er/es/sie	kommt	wohnt	lernt
wir	kommen	wohnen	lernen
ihr	kommt	wohnt	lernt
sie	kommen	wohnen	lernen
Sie	kommen	wohnen	lernen

(2)

인칭	wandern	heißen	hassen
ich	wandre	heiße	hasse
du	wanderst	heißt	hasst
er/es/sie	wandert	heißt	hasst
wir	wandern	heißen	hassen
ihr	wandert	heißt	hasst
sie	wandern	heißen	hassen
Sie	wandern	heißen	hassen

(3)

인칭	arbeiten	antworten	öffnen
ich	arbeite	antworte	öffne
du	arbeitest	antwortest	öffnest
er/es/sie	arbeitet	antwortet	öffnet
wir	arbeiten	antworten	öffnen
ihr	arbeitet	antwortet	öffnet
sie	arbeiten	antworten	öffnen
Sie	arbeiten	antworten	öffnen

2. (1)

인칭	fahren	halten	schlafen
ich	fahre	halte	schlafe
du	fährst	hältst	schläfst
er/es/sie	fährt	hält	schläft
wir	fahren	halten	schlafen
ihr	fahrt	haltet	schlaft
sie	fahren	halten	schlafen
Sie	fahren	halten	schlafen

(2)

인칭	lesen	sehen	empfehlen
ich	lese	sehe	empfehle
du	liest	siehst	empfiehlst
er/es/sie	liest	sieht	empfiehlt
wir	lesen	sehen	empfehlen
ihr	lest	seht	empfehlt
sie	lesen	sehen	empfehlen
Sie	lesen	sehen	empfehlen

(3)

인칭	helfen	sprechen	treffen
ich	helfe	spreche	treffe
du	hilfst	sprichst	triffst
er/es/sie	hilft	spricht	trifft
wir	helfen	sprechen	treffen
ihr	helft	sprecht	trefft
sie	helfen	sprechen	treffen
Sie	helfen	sprechen	treffen

3.

인칭	nehmen	wissen	treten
ich	nehme	weiß	trete
du	nimmst	weißt	trittst
er/es/sie	nimmt	weiß	tritt
wir	nehmen	wissen	treten
ihr	nehmt	wisst	tretet
sie	nehmen	wissen	treten
Sie	nehmen	wissen	treten

4.

인칭	sein
ich	bin
du	bist
er/es/sie	ist
wir	sind
ihr	seid
sie	sind
Sie	sind

5.

인칭	haben
ich	habe
du	hast
er/es/sie	hat
wir	haben
ihr	habt
sie	haben
Sie	haben

6. (1) hält (2) sieht (3) nehme (4) trifft (5) gibst
(6) stiehlst (7) bäckt (8) trittst (9) fällt (10) fängt

6. 소유관사

1.

인칭	소유관사
ich	mein
du	dein
er/es/sie	sein/sein/ihr
wir	unser
ihr	euer
sie	ihr
Sie	Ihr

2. (1)

격	남성(m.)
1격(N.)	mein Mann
2격(G.)	meines Mannes
3격(D.)	meinem Mann
4격(A.)	meinen Mann

(2)

격	여성(f.)
1격(N.)	deine Frau
2격(G.)	deiner Frau
3격(D.)	deiner Frau
4격(A.)	deine Frau

(3)

격	중성(n.)
1격(N.)	sein Kind
2격(G.)	seines Kindes
3격(D.)	seinem Kind
4격(A.)	sein Kind

(4)

격	복수(pl.)
1격(N.)	eure Bücher
2격(G.)	eurer Bücher
3격(D.)	euren Büchern
4격(A.)	eure Bücher

3. (1) mein (2) dein (3) unser (4) ihr

4. (1) meiner, der meine, der meinige
   (2) deine, die deine, die deinige
   (3) mein(e)s, das meine, das meinige

7. 화법조동사

1.

인칭	können	mögen	wollen	müssen	dürfen	sollen
ich	kann	mag	will	muss	darf	soll
du	kannst	magst	willst	musst	darfst	sollst
er/es/sie	kann	mag	will	muss	darf	soll
wir	können	mögen	wollen	müssen	dürfen	sollen
ihr	könnt	mögt	wollt	müsst	dürft	sollt
sie	können	mögen	wollen	müssen	dürfen	sollen
Sie	können	mögen	wollen	müssen	dürfen	sollen

2. (1) Darf 혹은 Kann (2) Können (3) darf (4) dürfen (5) mag (6) mag
   (7) sollen (8) willst (9) soll (10) musst (11) wollen (12) muss

3. (1) höre (2) sehe (3) fühle

4. (1) lässt (2) lehre (3) hilft

8. 명령법

1. (1)

동사	du에 대한 명령	ihr에 대한 명령	Sie에 대한 명령
hören	Hör(e)!	Hört!	Hören Sie!
warten	Wart(e)!	Wart!	Warten Sie!
handeln	Handl(e)!	Handelt!	Handeln Sie!
mitbringen	Bring(e) mit!	Bringt mit!	Bringen Sie!
sich setzen	Setz(e) dich!	Setzt euch!	Setzen Sie sich!

(2)

동사	du에 대한 명령	ihr에 대한 명령	Sie에 대한 명령
fahren	Fahr(e)!	Fahrt!	Fahren Sie!
halten	Halt(e)!	Haltet!	Halten Sie!
lassen	Lass!	Lasst!	Lassen Sie!
laufen	Lauf(e)	Lauft!	Laufen Sie!
essen	Iss!	Esst!	Essen Sie!
sprechen	Sprich!	Sprecht!	Sprechen Sie!
geben	Gib!	Gebt!	Geben Sie!
lesen	Lies!	Lest!	Lesen Sie!
nehmen	Nimm!	Nehmt!	Nehmen Sie!

(3)

동사	du에 대한 명령	ihr에 대한 명령	Sie에 대한 명령
sein	Sei!	Seid!	Seien Sie!
haben	Hab(e)!	Habt!	Haben Sie!
werden	Werd(e)!	Werdet!	Werden Sie!

2. (1) Komm(e) (2) Nimm (3) Kauft (4) fahren, Sie (5) Sieh (6) Halt(e) (7) Sei (8) Gib (9) Hilf (10) Warten (11) Bring(e) (12) Setzt

3. (1) Gehen, wir (2) Lass, uns 혹은 Lasst, uns (3) Wollen, wir

9. 의문사

1.

1격(N.)	wer
2격(G.)	wessen
3격(D.)	wem
4격(A.)	wen

2.

1격(N.)	was
2격(G.)	wessen
3격(D.)	-
4격(A.)	was

3.

격	남성(m.)	여성(f.)	중성(n.)	복수(pl.)
1격(N.)	welcher	welche	welches	welche
2격(G.)	welches	welcher	welches	welcher
3격(D.)	welchem	welcher	welchem	welchen
4격(A.)	welchen	welche	welches	welche

4.

격	남성(m.)	여성(f.)	중성(n.)	복수(pl.)
1격(N.)	was für ein	was für eine	was für ein	was für
2격(G.)	was für eines	was für einer	was für eines	was für
3격(D.)	was für einem	was für einer	was für einem	was für
4격(A.)	was für einen	was für eine	was für ein	was für

5.

격	남성(m.)	여성(f.)	중성(n.)	복수(pl.)
1격(N.)	was für einer	was für eine	was für ein(e)s	was für welche
2격(G.)	was für eines	was für einer	was für eines	was für welcher
3격(D.)	was für einem	was für einer	was für einem	was für welchen
4격(A.)	was für einen	was für eine	was für ein(e)s	was für welche

6. (1) wer (2) wem (3) was (4) Welches (5) Welche (6) Was, für, ein
   (7) was, für, einem (8) Was (9) Was, für, welche (10) Was, für, welchen

7.
(1) Wann (2) Warum (3) Wo (4) Wie, lange (5) Wie, oft (6) Wie, alt

10. 수사

1. (1) sechzehn (2) siebzehn (3) sechzig (4) siebzig
   (5) zwanzig (6) dreißig (7) hunderteins (8) zweitausendneunzehn

2. (1) fünf und sechs ist elf (2) zwölf minus sieben ist fünf
   (3) drei mal sieben ist einundzwanzig (4) sechzig durch vier ist fünfzehn

3. (1) ein Euro (2) vierzig Cent
   (3) ein Euro zwanzig (4) zwei Euro
   (5) drei Euro fünfundsechzig (6) neun Euro siebzig
   (7) zwei Euro sechzig (8) ein Euro siebzig

4. (1) (Es ist) zwei Uhr.
   (2) (Es ist) zehn nach zwei.
   (3) (Es ist) fünfzehn nach zwei. Viertel nach zwei.
   (4) (Es ist) dreißig nach zwei. halb drei.
   (5) (Es ist) fünfzehn vor drei. viertel vor drei.
   fünfundvierzig nach zwei.
   (6) (Es ist) zehn vor drei. fünfzig nach zwei.
   (7) (Es ist) dreißig nach drei. halb vier.
   (8) (Es ist) fünfzehn nach vier. Viertel nach vier.

5. (1) erst (2) dritt (3) zwanzigst (4) sechzehnt
   (5) siebzehnt (6) sechzigst (7) zweit (8) siebzigst

6. (1) Flasche 혹은 Dose (2) Tasse (3) Teller (4) Glas
   (5) Stück, Kugel (6) Portion (7) Gläser 혹은 Flaschen 혹은 Dosen
   (8) Teller

7. (1) null Komma null zwei (2) drei Komma vier fünf
   (3) sechs Komma null drei (4) zwei Komma vier fünf

8. (1) Der (2) Den, ist, haben

9. Wie, alt

10. (1) halb, ein halb, ein Zweitel (2) ein Drittel
(3) ein Viertel (4) zwei Fünftel

11. 전치사

1. (1) Trotz (2) Während (3) Statt (4) Wegen (5) um, willen

2. (1) bei (2) bei (3) Nach (4) von (5) zu
(6) aus (7) Seit (8) mit, mit (9) aus 혹은 von (10) bei
(11) wider (12) für (13) für (14) um (15) um
(16) gegen 혹은 für (17) ohne 혹은 mit (18) durch
(19) bis (20) entlang (21) gegen (22) Zu, nach (23) an
(24) In (25) an, in

3. (1) der (2) dem (3) das (4) dem (5) dem (6) das (7) den (8) dem
(9) den (10) den (11) den (12) das (13) dem (14) die (15) die

12. 부사

1. (1)

부사	뜻	부사	뜻
hier	여기서	gerade	똑바로
oben	위에	wirklich	실제로
überall	도처에	darum	그 때문에
jetzt	지금	daher	그 때문에
bald	곧	erst	비로소
immer	항상	morgen	내일
später	나중에		

(2)

부사	뜻	부사	뜻
dort	거기에	fast	거의
hinten	뒤에	vielleicht	아마도, 혹시
rechts	오른쪽에	deswegen	그 때문에
dann	그 다음에	wie lange	얼마동안
heute	오늘	nachher	나중에
lange	오랫동안	wieviel	얼마나
gern	기꺼이		

(3)

부사	뜻	부사	뜻
da	거기에	freilich	물론
unten	아래에	leicht	쉽게
links	왼쪽에	deshalb	그 때문에
schon	이미, 벌써	warum	왜
gestern	어제	zuerst	우선
früher	이전에	gewiss	확실히
sehr	매우		

2. (1) Eines Tages (2) Jeden Morgen (3) den ganzen Tag

3. (1) drei Jahre lang, in Frankfurt, sehr
   (2) heute nachmittag, um 1 Uhr

13. 형용사 및 부사의 비교 변화

1. (1)

원급	비교급	최상급
klein	kleiner	am kleinsten
schön	schöner	am schönsten
dunkel	dunkler	am dunkelsten
früh	früher	am frühesten
sauer	saurer	am sauersten
teuer	teurer	am teuersten
spät	später	am spätesten

(2)

원급	비교급	최상급
alt	älter	am ältesten
warm	wärmer	am wärmsten
lang	länger	am längsten
kurz	kürzer	am kürzesten
groß	größer	am größten
hoch	höher	am höchsten
nah	näher	am nächsten
oft	öfter	am öftesten

(3)

원급	비교급	최상급
gut	besser	am besten
gern	lieber	am liebsten
viel	mehr	am meisten
bald	eher	am ehesten
sehr	mehr	am meisten

2. (1) 파울은 페터 만큼 키가 크다. (2) 파울은 페터 만큼 키가 크지 않다.
   (3) 미나는 한나보다 키가 더 크다. (4) 미나는 한나보다 약간 키가 더 크다.
   (5) 영인이는 한나보다 훨씬 키가 더 크다.
   (6) 나는 맥주를 즐겨 마신다. 그러나 나는 맥주보다 와인을 더 즐겨서 마신다.
   (7) 알프레드가 가장 작다. (8) 한스가 가장 크다.
   (9) 여행이 길어지면 길어질수록 비용은 더 비싸진다.
   (10) 그 부인은 아름답기보다는 영리하다.

3. (1) besser (2) größten (3) liebsten (4) wie
   (5) wie (6) kältesten (7) weniger (8) länger 혹은 kürzer
   (9) höher (10) wie

쉽게 배우는

14. 분리 동사와 비분리 동사

1. (1)

동사	의미
beginnen	시작하다
bekommen	얻다
erleben	체험하다
erinnern	기억하다
gefallen	마음에 들다
gewinnen	이기다
gehören	~에 속하다
empfangen	환영하다
entschuldigen	용서하다
entdecken	발견하다

(2)

동사	의미
vergessen	잊어버리다
verlassen	떠나다
verlieren	잃어버리다
verstehen	이해하다
versprechen	약속하다
verkaufen	팔다
verdienen	벌다
zerstören	파괴하다
versuchen	시도하다
zerbrechen	부수다
zerstreuen	분산시키다

2. (1)

동사	의미
ankommen	도착하다
abfahren	출발하다
einsteigen	승차하다
aussteigen	하차하다
aufhören	그만두다
mitbringen	가지고 오다
anfangen	시작하다
aufstehen	잠자리에서 일어나다
ausgeben	지출하다
spazierengehen	산책하다

(2)

동사	의미
vorhaben	계획하다
einladen	초대하다
vorlesen	읽어주다
anrufen	전화 걸다
einschlafen	잠이 들다
fernsehen	텔레비전을 보다
anziehen	옷을 입다
umziehen	이사 가다, 옷을 갈아입다
abreisen	출발하다

3. (1) ab, an (2) ein (3) aus (4) spazieren
(5) wieder (6) wiederhole (7) an (8) auf

15. 현재완료

1.

동사	현재완료형	동사	현재완료형
gehen	ist gegangen	regnen	hat geregnet
kommen	ist gekommen	kaufen	hat gekauft
lesen	hat gelesen	geben	hat gegeben
laufen	ist gelaufen	anrufen	hat angerufen
steigen	ist gestiegen	schreiben	hat geschrieben
fahren	ist gefahren	sprechen	hat gesprochen
sterben	ist gestorben	helfen	hat geholfen
begegnen	ist begegnet	nehmen	hat genommen
einschlafen	ist eingeschlafen	essen	hat gegessen
wachsen	ist gewachsen	finden	hat gefunden
geschehen	ist geschehen	trinken	hat getrunken
brennen	hat gebrannt	stehen	hat gestanden
bitten	hat gebeten	bringen	hat gebracht
besuchen	hat besucht	denken	hat gedacht
studieren	hat studiert	wissen	hat gewusst
gelingen	ist gelungen	ziehen	hat gezogen

2. (1) Ich habe das Buch gelesen.
   (2) Du bist ins Kino gegangen.
   (3) Ich habe einen Reiseführer gekauft.
   (4) Ich bin zu Hause gewesen.
   (5) Ich bin mit der U-Bahn gefahren.
   (6) Wann ist der Bus angekommen?
   (7) Ich habe an der Universität studiert.
   (8) Ich habe dich besucht.
   (9) Er ist bald eingeschlafen.
   (10) Wann haben Sie das Auto verkauft?

3. (1) sind (2) bin (3) habe (4) hast (5) ist 혹은 sind
   (6) ist (7) ist (8) bin (9) hat (10) hat

16. 형용사

1. (1)

격	남성(m.)	여성(f.)	중성(n.)	복수(pl.)
1격(N.)	fauler Junge	schöne Frau	kluges Kind	schöne Frauen
2격(G.)	faulen(es) Jungen	schöner Frau	klugen Kindes	schöner Frauen
3격(D.)	faulem Jungen	schöner Frau	klugem Kind	schönen Frauen
4격(A.)	faulen Jungen	schöne Frau	kluges Kind	schöne Frauen

(2)

격	남성(m.)	여성(f.)	중성(n.)	복수(pl.)
1격(N.)	der faule Junge	die schöne Frau	das kluge Kind	die schönen Frauen
2격(G.)	des faulen Jungen	der schönen Frau	des klugen Kindes	der schönen Frauen
3격(D.)	dem faulen Jungen	der schönen Frau	dem klugen Kind	den schönen Frauen
4격(A.)	den faulen Jungen	die schöne Frau	das kluge Kind	die schönen Frauen

(3)

격	남성(m.)	여성(f.)	중성(n.)
1격(N.)	ein fauler Junge	eine schöne Frau	ein kluges Kind
2격(G.)	eines faulen Jungen	einer schönen Frau	eines klugen Kindes
3격(D.)	einem faulen Jungen	einer schönen Frau	einem klugen Kind
4격(A.)	einen faulen Jungen	eine schöne Frau	ein kluges Kind

2. (1) schönes (2) Neues (3) altes (4) weiße (5) junge
   (6) leichtes (7) billiger (8) Gutes (9) Kranke (10) Reichen

3. (1) auf (2) an (3) mit

17. 동사의 과거형과 과거완료

1. (1)

인칭	reden	machen	zeigen
ich	redete	machte	zeigte
du	redetest	machtest	zeigtest
er/es/sie	redete	machte	zeigte
wir	redeten	machten	zeigten
ihr	redetet	machtet	zeigtet
sie	redeten	machten	zeigten
Sie	redeten	machten	zeigten

(2)

인칭	regnen	warten	studieren
ich	regnete	wartete	studierte
du	regnetest	wartetest	studiertest
er/es/sie	regnete	wartete	studierte
wir	regneten	warteten	studierten
ihr	regnetet	wartetet	studiertet
sie	regneten	warteten	studierten
Sie	regneten	warteten	studierten

2. (1)

인칭	bleiben	gehen	sehen
ich	blieb	ging	sah
du	bliebst	gingst	sahst
er/es/sie	blieb	ging	sah
wir	blieben	gingen	sahen
ihr	bliebt	gingt	saht
sie	blieben	gingen	sahen
Sie	blieben	gingen	sahen

(2)

인칭	haben	laufen	gefallen
ich	hatte	lief	gefiel
du	hattest	liefst	gefielst
er/es/sie	hatte	lief	gefiel
wir	hatten	liefen	gefielen
ihr	hattet	lieft	gefielt
sie	hatten	liefen	gefielen
Sie	hatten	liefen	gefielen

(3)

인칭	geben	kommen	denken
ich	gab	kam	dachte
du	gabst	kamst	dachtest
er/es/sie	gab	kam	dachte
wir	gaben	kamen	dachten
ihr	gabt	kamt	dachtet
sie	gaben	kamen	dachten
Sie	gaben	kamen	dachten

3. (1) hatte (2) war (3) hatte

18. 동사의 미래형

1.

인칭	werden	인칭	werden
ich	werde	wir	werden
du	wirst	ihr	werdet
er/es/sie	wird	sie/Sie	werden

2. (1) werde (2) wirst (3) sein

3. (1) 페터가 추측컨대 지금 아픈 것 같다.
   (2) 나는 내일 올 것이다.
   (3) 내가 너희 집을 방문할게.
   (4) 너 지금 중단할래?

19. 관계 대명사

1.

격	남성(m.)	여성(f.)	중성(n.)	복수(pl.)
1격(N.)	der	die	das	die
2격(G.)	dessen	deren	dessen	deren
3격(D.)	dem	der	dem	denen
4격(A.)	den	die	das	die

2. (1) die (2) deren (3) der (4) die (5) dem
   (6) dem (7) dessen (8) der (9) der (10) denen

3. (1) Wer (2) Wessen (3) Wem (4) Wen (5) Was
   (6) Wessen (7) Was (8) Was (9) Was (10) Was

4. (1) als (2) wo (3) wie (4) warum

20. 분사

1. (1) stehende (2) zunehmende, wachsendes (3) Reisende
   (4) Schlafende (5) schweigend

2. (1) geöffnete (2) verkauftes (3) interessiert (4) geflogen (5) überrascht

3. (1) Der Student ist heute abwesend.
   (2) Der Student kommt schnell laufend.
   (3) Der angekommene Zug ist von Berlin abgefahren.
   (자동사의 과거분사: 완료의 뜻)
   (4) Die Leute, mit denen ich gesprochen habe, sind meine Bekannten.
   (5) Er geht durch die geöffnete Tür hinein.

21. 재귀 동사와 재귀 대명사

1.

수	격	1인칭	2인칭		3인칭		
단수	1격	ich	du	Sie(경칭)	er	es	sie
	2격	meiner	deiner	Ihrer	seiner	seiner	ihrer
	3격	mir	dir	sich	sich	sich	sich
	4격	mich	dich	sich	sich	sich	sich
복수	1격	wir	ihr	Sie(경칭)	sie(복수)		
	2격	unser	euer	Ihrer	ihrer		
	3격	uns	euch	sich	sich		
	4격	uns	euch	sich	sich		

2. (1) mir (2) mir (3) mich (4) mich (5) mich (6) sich
   (7) mir (8) sich (9) sich (10) mich (11) sich (12) mir

3. (1) 그 문은 쉽게 열린다.
   (2) 그 일은 빨리 끝마칠 수 있다.

4. (1) dich, an (2) dich, für (3) mich, mit (4) mich, nach (5) mich, über
   (6) mich, vor (7) mich, auf (8) sich, in (9) sich, mit (10) mich, auf

22. 접속사

1. (1) aber (2) denn (3) sondern (4) oder (5) und

2. (1) trotzdem (2) dann (3) darum (4) sonst

3. (1) weil (2) indem (3) dass (4) damit (5) Nachdem

(6) Während (7) Als (8) Wenn (9) dass (10) weil

4. (1) noch (2) bald (3) aber (4) oder (5) als (6) sondern (7) als

23. 지시 대명사

1. (1)

격	남성(m.)	여성(f.)	중성(n.)	복수(pl.)
1격(N.)	der	die	das	die
2격(G.)	dessen	deren	dessen	deren(derer)
3격(D.)	dem	der	dem	denen
4격(A.)	den	die	das	die

(2)

격	남성(m.)	여성(f.)	중성(n.)	복수(pl.)
1격(N.)	dieser	diese	dieses	diese
2격(G.)	dieses	dieser	dieses	dieser
3격(D.)	diesem	dieser	diesem	diesen
4격(A.)	diesen	diese	dieses	diese

(3)

격	남성(m.)	여성(f.)	중성(n.)	복수(pl.)
1격(N.)	jener	jene	jenes	jene
2격(G.)	jenes	jener	jenes	jener
3격(D.)	jenem	jener	jenem	jenen
4격(A.)	jenen	jene	jenes	jene

(4)

격	남성(m.)	여성(f.)	중성(n.)	복수(pl.)
1격(N.)	solcher	solche	solches	solche
2격(G.)	solches	solcher	solches	solcher
3격(D.)	solchem	solcher	solchem	solchen
4격(A.)	solchen	solche	solches	solche

(5)

격	남성(m.)	여성(f.)	중성(n.)	복수(pl.)
1격(N.)	derselbe	dieselbe	dasselbe	dieselben
2격(G.)	desselben	derselben	desselben	derselben
3격(D.)	demselben	derselben	demselben	denselben
4격(A.)	denselben	dieselbe	dasselbe	dieselben

(6)

격	남성(m.)	여성(f.)	중성(n.)	복수(pl.)
1격(N.)	derjenige	diejenige	dasjenige	diejenigen
2격(G.)	desjenigen	derjenigen	desjenigen	derjenigen
3격(D.)	demjenigen	derjenigen	demjenigen	denjenigen
4격(A.)	denjenigen	diejenige	dasjenige	diejenigen

2. (1) der (2) deren (3) dem (4) die

3. (1) er (2) er, e

4. solches

5. (1) denselben (2) dasselbe

24. 부정법

1. (1) sprechen (2) arbeiten (3) zu arbeiten (4) zu arbeiten
   (5) zu kommen (6) zu studieren (7) zu fahren (8) schreiben
   (9) spielen (10) bleiben (11) fahren (12) zu rauchen
   (13) zu sagen (14) zu besichtigen (15) zu arbeiten

2. (1) 솔직히 말해서 나는 돈이 없다.
   (2) 나는 내일 일찍 일어날 수 있다.
   (3) 나는 막 일어나려고 했다.
   (4) 나는 우연히 그와 함께 여행하게 되었다.
   (5) 당신은 나를 방해할 수 없다.
   (6) 승리 아니면 죽음이 있을 뿐이다.
   (7) 너의 발음은 잘 이해될 수 있다.

25. 수동태

1.

	능동태	수동태
lehren	Ich lehre dich Deutsch.	① Deutsch wird dir von mir gelehrt. ② Du wirst Deutsch von mir gelehrt.
nennen	Er nennt mich ein Baby.	Ich werde von ihm ein Baby genannt.
finden	Man fand ihn.	Er wurde gefunden.
loben	Sie lobt die Tochter.	Die Tochter wird von ihr gelobt.
müssen	Ich muss eine Hausaufgabe machen.	Eine Hausaufgabe muss von mir gemacht werden.

2.

자동사	능동태	수동태
gedenken	Ich gedenke deiner immer.	① Es wird deiner von mir immer gedacht. ② Immer wird deiner von mir gedacht.
helfen	Er hilft mir jetzt.	① Es wird mir von ihm jetzt geholfen. ② Jetzt wird mir von ihm geholfen.
warten	Ich warte auf meine Mutter.	① Es wird von mir auf meine Mutter gewartet. ② Auf meine Mutter wird von mir gewartet.
kommen	Man kommt hier.	① Es wird hier gekommen. ② Hier wird gekommen.

3.

	능동태	수동태
현재	Ich liebe ihn.	Er wird von mir geliebt.
과거	Ich liebte ihn.	Er wurde von mir geliebt.
현재완료	Ich habe ihn geliebt.	Er ist von mir geliebt worden.
과거완료	Ich hatte ihn geliebt.	Er war von mir geliebt worden.
미래	Ich werde ihn lieben.	Er wird von mir geliebt werden.
미래완료	Ich werde ihn geliebt haben.	Er wird von mir geliebt worden sein.

4. (1) von (2) durch (3) mit

5. (1) 문이 닫힌다.
   (2) 문이 닫혀져 있다.
   (3) 산은 눈으로 덮여 있었다.
   (4) 이 과제는 쉽게 해결될 수 있다.

26. 접속법

1.

인칭	sein	haben	werden	machen	arbeiten	lieben
ich	sei	habe	werde	mache	arbeite	liebe
du	seiest	habest	werdest	machest	arbeitest	liebest
er/es/sie	sei	habe	werde	mache	arbeite	liebe
wir	seien	haben	werden	machen	arbeiten	lieben
ihr	seiet	habet	werdet	machet	arbeitet	liebet
sie	seien	haben	werden	machen	arbeiten	lieben
Sie	seien	haben	werden	machen	arbeiten	lieben

2.

인칭	sein	haben	werden	machen	arbeiten	lieben
ich	wäre	hätte	würde	machte	arbeitete	liebte
du	wärest	hättest	würdest	machtest	arbeitetest	liebtest
er/es/sie	wäre	hätte	würde	machte	arbeitete	liebte
wir	wären	hätten	würden	machten	arbeiteten	liebten
ihr	wäret	hättet	würdet	machtet	arbeitetet	liebtet
sie	wären	hätten	würden	machten	arbeiteten	liebten
Sie	wären	hätten	würden	machten	arbeiteten	liebten

3.

시칭	직설법	접속법 I식	접속법 II식
현재	Sie geht.	Sie gehe.	Sie ginge.
과거	Sie ist gegangen.	Sie sei gegangen.	Sie wäre gegangen.
	Sie hat gearbeitet.	Sie habe gearbeitet.	Sie hätte gearbeitet.
미래	Sie wird gehen.	Sie werde gehen.	Sie würde gehen.

4. (1) wäre (2) komme (3) gewesen, sei (4) solle (5) hätte
   (6) Könnten (7) wäre (8) könnte (9) wäre (10) hättest, gäbest